Hannu Sarenström

Frische feine Sommerküche

Lifestyle
BUSSE
SEEWALD

INHALT

ER LIEBT MICH, ER LIEBT MICH NICHT – DIE SOMMERLIEBE

WIR ALLE HABEN SCHON MAL mit einem Gänseblümchen in der Hand dagesessen und seine Blütenblätter nach und nach abgezupft, bis wir die gewünschte Antwort hatten. Manchmal zerrupfte man ziemlich viele Blumen, bis man mit der Antwort zufrieden war. Den Sommer zu lieben, fällt nicht schwer. Es ist eine Zeit, in der alles möglich ist. Gern lassen wir uns vom Blütenrausch und von Tagen mit strahlendem Sonnenschein umfangen. Kein Wunder, dass sich viele von uns im Sommer verlieben, ob mit oder ohne Gänseblümchen.

Aber natürlich sind es auch die Sommermahlzeiten mit den frischen Zutaten, die langen, gemütlichen Kaffeepausen in der Sonne und das Glas Rosé auf dem Balkon, die uns zu dieser hellen Zeit quicklebendig halten. Auch die spontanen Feste und Grillpartys mit Freunden gehören zu dieser schönen grünen Zeit.

Das Schönste an der Sommerküche ist der frische Geschmack des gerade geernteten Gemüses und der Kräuter. Mit einigen wenigen Zutaten erfreut man nicht nur alle Geschmacksnerven, sondern sorgt auch für glücklich gesättigte Mägen.

Das Allerbeste sind aber vielleicht die wilden Erdbeeren, die nun die Dessertschalen füllen. In meinem Garten habe ich Ausläufer von wilden Erdbeerpflanzen auf vielen offenen Flächen und unter Büschen und Bäumen als Bodendecker gepflanzt. Sie sind schön, wenn sie blühen, und die Beeren werden zeitig reif – sogar schon vor den Gartenerdbeeren. Diese kleinen wilden Erdbeeren isst man am besten so, wie sie sind, oder mit leicht geschlagener Sahne. Einmal wollte ich mich richtig ins Zeug legen und servierte wilde Erdbeeren mit Honig-Ricotta. Die armen wilden Erdbeeren und meine armen Gäste ... Honig-Ricotta hingegen ist ein fantastisches Dessert, wenn man plötzlich Heißhunger auf Süßes bekommt, vor allem in Kombination mit leicht gerösteten Wal- oder Haselnüssen.

Willkommen, schöner grüner Sommer!

SCHNELL ETWAS KÜHLES

WENN ES RICHTIG WARM IST UND DIE LUFT VOR HITZE FLIMMERT, IST ES SCHÖN, WENN MAN SCHNELL UND EINFACH ETWAS KÜHLES „AUS DEM ÄRMEL SCHÜTTELN" KANN.

GEWÜRZTE WASSERMELONE

Man kann rote oder gelbe Wassermelonen verwenden. Oder beide Sorten mischen, wenn Sie die Melonen für viele Leute zubereiten.

Die gut gekühlte Melone in größere Stücke schneiden, ohne dabei die Schale zu entfernen. Auf eine Platte legen, salzen und pfeffern. Fertig! Am späteren Nachmittag passt es auch gut, wenn man fein gehackte Basilikumblättchen darüberstreut und mit etwas Olivenöl beträufelt. Ein eiskaltes Glas Sekt dazu ist ebenfalls eine Wohltat.

ZUTATEN
Wassermelone
Salz und frisch gemahlener schwarzer Pfeffer
(fein gehackte Basilikumblätter und Olivenöl)

MELONEN-ERDBEER-DRINK

Als schnelle kleine Erfrischung im Schatten, manchmal muss es aber auch ein ganz großes Glas sein.

Das Prinzip ist einfach: Es sollten mehr Melonen als Erdbeeren sein. Etwa 70 % Wassermelone mit 30 % Erdbeeren pürieren, damit es nicht zu süß wird, dann salzen und pfeffern. In ein Glas geben und mit etwas gehackter Minze dekorieren. Das Obst muss gut gekühlt sein. Sofort servieren. Möglichst kein Eis zugeben, denn dann verwässert der Geschmack.

Siehe Foto auf der nächsten Seite.

ZUTATEN
Wassermelone
Erdbeeren
Salz und frisch gemahlener schwarzer Pfeffer
gehackte Minze

Eiskalte Melone und ein Glas mit perlendem Sekt krönen und erfrischen meinen Sommer.
Nächste Seite links: Das Gartentor ist geöffnet. Hereinspaziert, es ist Sommer!
Rechts: Ein kleiner Melonen-Erdbeer-Drink schmeckt gut in der Hitze. Er kann auch in größeren Gläsern serviert und mit Sekt aufgefüllt werden.

DE PAMPELONNE
PATCH

BELLINI WIE IN HARRYS BAR

COCKTAILS FÜR ETWA 4 PERSONEN
4 weiße Pfirsiche
2 gelbe Pfirsiche
1 Flasche trockener Sekt (kein Champagner)

Dieser Cocktail sieht zwar nicht besonders aus, ist aber herrlich erfrischend und kühlt wohltuend im Nachmittagsschatten. Auch wenn Sekt dabei ist, sollte man ihn nicht in Sektgläsern servieren, denn es ist nahezu unmöglich, beim Spülen das angeklebte Fruchtfleisch aus den Gläsern zu kratzen. Für mich ist der Bellini kein edler Drink, sondern eine angenehme Erfrischung in entspannter Atmosphäre mit Freunden im Garten. Das Original, das um 1938 in Harrys Bar in Venedig entstand, wurde möglicherweise in Sektgläsern serviert, aber darauf pfeifen wir.

Nehmen Sie immer frische Früchte und lassen Sie sich nicht von einem Fertigprodukt in Versuchung führen.

Ursprünglich wurden auch nur weiße Pfirsiche verwendet, aber dann wird es ein ziemlich grauer Cocktail, auch wenn er gut schmeckt. Um der Farbe willen mische ich oft weiße und gelbe Pfirsiche. Eigentlich sollte man sie schälen, aber ich entsteine und püriere sie nur, damit alle Vitamine erhalten bleiben.

Die Pfirsiche entsteinen und pürieren. In jedes Glas ein paar Teelöffel davon geben und mit etwas Sekt begießen. Verrühren und mit Sekt auffüllen. Sofort servieren.

Die Mischung von ¼ Pfirsichpüree und ¾ Sekt passt gut, aber man kann auch etwas variieren. Am besten schmecken dabei die süßen weißen Pfirsiche. Nimmt man nur gelbe Pfirsiche, muss man mit etwas Zuckersirup nachsüßen.

SCORPIO

PRO PERSON
1 Kugel Zitronensorbet
1,5 cl Zitronenwodka
1,5 cl Limoncello
10 cl trockener Sekt

Ein etwas stärkerer, aber dennoch erfrischender Italiener.

Das Zitronensorbet mit Zitronenwodka und Limoncello mixen. Ins Glas geben und mit trockenem Sekt auffüllen. Verrühren und kühl genießen.

Er schmeckt natürlich auch nur mit Zitronensorbet und Sekt gut, wenn man nichts Hochprozentiges im Haus hat.

Es schäumt garantiert über, wenn Sie den Sekt zu schnell über die Pfirsiche schütten. Gießen Sie daher vorsichtig nach und nach auf.

SOMMERLEBEN AUF DER GARTENTREPPE

EIN PAAR SIMPLE TREPPENSTUFEN hinunter zum Garten: Hier ist mein Lieblingssitzplatz für meinen Frühstückskaffee, um ein paar belegte Brote zu essen oder ein schnelles Mittagessen zu genießen. Für ein Glas Wein am Abend, wenn die Sonne den ganzen Tag am Himmel stand, um zu telefonieren oder mit den Nachbarn zu plaudern, um es sich mit der Liebsten gemütlich zu machen, Zeitung zu lesen und um Croissants zu essen, die ruhig auf die Stufen krümeln dürfen.

Rund um diese Gartentreppe möchte ich es richtig schön haben, sozusagen einen kleinen Garten innerhalb des Gartens. Eine Augenweide und ein Willkommensgruß an diejenigen, die zu Besuch kommen, am besten mit vielen verschiedenen Blumentöpfen.

Ich verwende meist Terrakottatöpfe, auch wenn Zinkeimer und -wannen einfacher wären, weil sie die Erde nicht austrocknen lassen. Aber das nur am Rande. Wenn im Frühling die ersten Frühblüher verblüht sind, heiße ich meine Gäste mit Hornveilchen, Traubenhyazinthen und weißen Narzissen willkommen. Die Auswahl an frühblühenden Zwiebelgewächsen beschränkt sich meist auf niedrige Osterglocken und wenige andere Gewächse.

Sie können die Blumenzwiebeln auch schon im Herbst kaufen und in Töpfe pflanzen. Dann einfach angießen und die Töpfe im kühlen Keller, in der Garage oder an einem anderen kalten, aber frostsicheren Platz unterstellen.

Einmal habe ich es nicht rechtzeitig geschafft, meine Zwiebeln in die Beete zu pflanzen, und plötzlich war es schon Januar. Wild entschlossen packte ich alle Zwiebeln, setzte sie in Töpfe und schleppte sie in den Keller. Als die Sonne einen Monat später wieder herauskam, war es schon wieder Zeit, die Töpfe heraufzutragen. Noch nie blühte es auf meiner Treppe so üppig wie in diesem Frühling.

Sind die Zwiebeln dann abgeblüht, kann man sie leicht herausnehmen und gegen Sommerblumen austauschen. Frische Zwiebeln können Sie mehrere Jahre wieder nutzen. Aber vielleicht geht es Ihnen wie mir und Sie lieben auch die Abwechslung, auch wenn man das vergangene Jahr fast schon wieder vergessen hat.

AM BESTEN AUF DER TREPPE

ES VERSTEHT SICH VON SELBST, DASS AM LIEBLINGSPLATZ FAST ALLES GUT SCHMECKT. AUSTERN, KÄSEBROTE, NUDELN UND ALLES, WAS MAN MIT DEN FINGERN ODER MIT EINER GABEL ESSEN KANN.

CHILINUDELN MIT VIELEN VITAMINEN

Einfacher als das hier geht es nicht, und das Einfache ist Gold wert. Denn Gutes muss nicht zwangsläufig kompliziert sein – gut ist immer gut, auch wenn es einfach ist.

2 PORTIONEN
Salz
1 rote Chilischote
2 Knoblauchzehen
Olivenöl zum Braten
200–300 g Nudeln
zwei Handvoll Vitamine (zum Beispiel in Form von Spinat oder Petersilie)
frisch gemahlener schwarzer Pfeffer
etwas gutes Olivenöl zum Würzen

Einen großen Topf mit gesalzenem Wasser zum Kochen bringen.

Die Chilischote in dünne Ringe schneiden, ich entferne die Samen nicht. Die Knoblauchzehen schälen und fein hacken. Die einfachste Art, Knoblauch zu schälen, ist, die Zehe zu zerdrücken und dann die Schale abzuzupfen.

Das Öl in einer Pfanne erhitzen, zuerst die Chili hineingeben, bei mittlerer Hitze kurz anbraten, dann den Knoblauch zugeben und weich werden lassen, ohne dass er braun wird, dabei die Pfanne von der Platte nehmen.

Die Nudeln im kochenden Salzwasser bissfest kochen.

Die Pfanne mit dem Chili wieder erhitzen, geputzten und zerkleinerten Spinat oder gehackte Petersilie hineingeben, die Nudeln abgießen und in der Pfanne mit dem Gemüse vermischen. Mit Salz und Pfeffer sowie einem Schuss gutem Olivenöl abschmecken, dann sofort ohne Parmesan servieren.

Je nach Saison variiere ich gern die Vitamine: im Hochsommer gekochten Brokkoli, im Spätsommer blanchierten Grün- oder Palmkohl. Wichtig ist, dass viele Vitamine enthalten sind.

Schnell und leicht gekocht und macht außerdem süchtig. Die Vitamine nicht vergessen! Kochen Sie gern große Portionen, die Reste schmecken auch am nächsten Tag sehr gut, wenn man sie in Olivenöl brät.

PARMESANNUDELN MIT GEBRATENEN ARTISCHOCKEN

4 PORTIONEN
4 oder am besten mehrere zarte Sommer-Artischocken
Öl zum Braten
Salz und frisch gemahlener schwarzer Pfeffer
ca. 500 g Nudeln
ca. 80 g Parmesan oder Pecorino
selbst gemachtes Paniermehl (siehe unten)

Wunderbar gut und schnell gemacht – aber es kann schwierig werden, junge, zarte Artischocken zu finden. Versuchen Sie es dennoch, denn sie sind eine herrliche Sommerleckerei. Und wenn Sie eine ganze Kiste finden, kaufen Sie diese und essen die Artischocken eine ganze Woche lang. Ein echter Genuss für den Gewinner! Ich selbst konnte leider nur fünf Stück ergattern, ich bin wohl eine Niete ...

Die Artischocken unter fließendem Wasser waschen und eventuell darin sitzende Tierchen abschütteln. Artischocken in Spalten schneiden und in etwas Öl kurz anbraten, salzen und pfeffern.

Währenddessen Salzwasser zum Kochen bringen und die Nudeln darin bissfest kochen. Beim Abgießen etwa 200 ml Kochwasser auffangen. Den Parmesan reiben, in das Wasser geben, schaumig schlagen und mit den Nudeln gut vermischen.

Die Nudeln pfeffern, auf einem Teller anrichten, die Artischocken darauf verteilen und mit Paniermehl bestreuen.

SELBST GEMACHTES PANIERMEHL

Aus Brot vom Vortag oder noch älterem, trocken gewordenem Brot kann man leicht Paniermehl machen. Etwas Öl in einer Pfanne erhitzen und die Brotkrümel, die man im Mixer vermahlen hat, darin anrösten, leicht salzen und darauf achten, dass sie nicht anbrennen. Übrig gebliebenes Paniermehl kann für das nächste Mal aufgehoben werden.

NOCH MEHR IDEEN FÜR GEBRATENE ARTISCHOCKEN

Gebratene Artischocken schmecken auch ohne Nudeln gut: Etwas Crème fraîche mit fein gehackter Petersilie und Basilikum verrühren, ein wenig Zitronensaft darüberträufeln und mit Salz und Pfeffer abschmecken.

Probieren Sie dazu auch die Mozzarellacreme von Seite 57, das schmeckt himmlisch.

Auch einfach mit etwas Zitronensaft, Salz und Pfeffer sind die gebratenen Artischocken gut.

Sommerlicher Nudelteller mit zarten gebratenen Artischocken und Parmesan.

ES GRÜNT SO GRÜN!

DAS UNKRAUT IST SCHON HERAUSGEKOMMEN und ich habe junge Brennnesseln und Giersch geerntet – im Frühling geliebt, im Sommer verflucht. Vielleicht mit Ausnahme der Brennnesseln, denn sie sind wichtig für die Schmetterlinge. Die Nesseln wachsen bei mir am Rand des Grundstücks und stören mich gar nicht, höchstens, wenn ich aus Versehen einmal mit nackten Beinen hineintrete. Ihre Blätter verwende ich in Salaten, Suppen und würzigen Dips.

Brennnesseln sind besonders gut, wenn man sie einige Minuten blanchiert, abgießt und dann die Blätter ausdrückt, sobald sie abgekühlt sind. Man mixt sie mit Knoblauch, Basilikum und Petersilie, gibt etwas gutes Olivenöl zu und schmeckt mit Salz und Pfeffer ab. Es schmeckt auch ausgezeichnet, wenn man Giersch daruntermischt, und wer das Glück hat, in der Nähe Bärlauch pflücken zu können, der nimmt statt Knoblauch davon ein paar Blätter.

Wildkräuter im Essen sind inzwischen ziemlich modern geworden. Es gibt auch Rezepte zu den verschiedensten Sprossen aus dem Wald. Eine erfreuliche Entwicklung, aber aus irgendeinem Grund gehe ich trotzdem nicht in den Wald und pflücke Tannenspitzen oder andere Wildkräuter. In meiner Gegend und sogar im Garten wächst viel *Süßdolde*. Ein guter Freund servierte mir einmal eine geröstete Scheibe Brot mit grob gehackter Süßdolde, Salz, Pfeffer und Olivenöl – es war überraschend gut. Darunter noch aromatische Tomaten, die etwas Säure beisteuerten.

Junge Löwenzahnblütenblätter machen sich auch gut in Salaten, aber das kennen Sie bestimmt schon. In Italien baut man Zuckerhut, eine besondere Zichoriensorte, als Wintergemüse an. Er ist länglich, ein bisschen wie ein großer Fenchel und schmeckt sowohl als Salat als auch leicht angebraten in Nudelgerichten gut. In Italien wird der Zuckerhut allerdings weich gekocht, wenn er zu Nudeln serviert wird. Es gibt natürlich unterschiedliche Traditionen und Geschmäcker, aber es ist fantastisch, wenn man dort an einem sonnigen Januartag auf dem Markt ein paar Stauden Zuckerhut kauft.

Ich liebe die Jahreszeiten und versuche, so lange es geht, mit ihnen zu leben und entsprechend danach zu essen. Es geht einfach darum, die Zutaten dann zu essen, wenn sie hier am besten sind, damit sie nicht von der anderen Seite der Welt hierher transportiert werden müssen.

Es ist ein großes Glück, wenn es plötzlich wieder *frischen Knoblauch* im Laden gibt, gerade geerntet von einem Acker nur wenige Kilometer von hier entfernt. In Lidköping, der für mich nächstgrößeren Stadt, können wir uns glücklich schätzen, einen Gemüseladen zu haben, der das anbietet, was hier rund herum produziert wird. Und das Beste daran ist, dass die Bioprodukte aus der Nähe zum selben Preis verkauft werden wie die konventionellen. Damit zeigt man, wie man die regionale Landwirtschaft stärken und stolz im Laden vorzeigen kann. Ich finde es merkwürdig, wenn ich dann Leute sehe, die gespritztes und vielleicht importiertes Gemüse aus der Kiste daneben kaufen.

Der frische Knoblauch wird mit seinen grünen Stängeln verkauft, und die sind genauso gut wie Zwiebeln. Schneiden Sie die Stängel fein und braten Sie sie leicht an oder mischen Sie sie unter einen Salat. Man kann so viele gute Sachen mit dem Grün machen, genießen Sie es, solange es Saison hat.

Mit frischen Blattgemüsen geht es dann weiter im Jahr. Nach dem „Unkraut" kommen *Mangold* und der frühe *Spitzkohl*, im Herbst der *Palmkohl*, und kurz darauf ist es Zeit für den *Grünkohl*. All diese Sorten stecken voller wohlschmeckender Vitamine, die man vielfältig nutzen kann. Es ist ungefähr so wie mit Petersilie und Spinat, die ich gern dazunehme, wenn mir ein Pasta- oder Risottogericht zu wenig Vitamine hat.

Schneiden Sie beim Palm- und Grünkohl die großen Stiele weg und hacken Sie die Blätter grob. Ein paar Minuten in Salzwasser blanchieren, das Wasser abgießen und die Blätter zum Risotto geben, unmittelbar bevor der Parmesan hineinkommt. Eigentlich muss man die Kohlblätter nicht zubereiten, auch roh schmecken sie gut und sind wunderbar in frischen Salaten.

Junge, zarte Artischocken sind unwiderstehlich. Greifen Sie sofort zu, wenn Sie welche finden.

FRISCHER SPARGEL IM JUNI

BIS ZUM MITTSOMMERTAG KANN MAN TÄGLICH SPARGEL ESSEN. DANACH IST DIE SAISON VORBEI, DENN DIE PFLANZEN BRAUCHEN RUHE. ES SPIELT KEINE ROLLE, OB DIE SAISON SPÄT BEGONNEN HAT – NACH DEM 24. JUNI STICHT MAN IN DER SPARGELLANDWIRTSCHAFT KEINE STANGEN MEHR, WEIL DIE PFLANZEN DIE RESTLICHE ZEIT BENÖTIGEN, UM KRAFT FÜR DIE NÄCHSTE SAISON ZU SAMMELN. IM EIGENEN GARTEN KANN MAN NATÜRLICH HIER UND DA EINE STANGE STIBITZEN, WENN MAN MÖCHTE. HIER GIBT ES AUF JEDEN FALL JEDE MENGE SPARGEL.

FRÜHLINGSGRÜNE SPARGELSUPPE MIT CRÈME FRAÎCHE UND FORELLENKAVIAR

Den Spargel in etwa 1 cm lange Stücke schneiden, 4 oder mehr Stangen im Ganzen zum Garnieren zur Seite legen. Sie können auch alle Spitzen aufheben.

Die Schalotten schälen und in Ringe schneiden, Butter in einem Topf zerlassen und die Schalotten darin dünsten, ohne dass sie braun werden. Den Wein zugeben und aufkochen, dann den Kalbsfond und 500 ml Wasser zugießen.

Alles nochmals aufkochen und die Spargelstücke weich kochen. Sahne zufügen, etwas einkochen lassen, salzen und pfeffern. Die Suppe mit dem Stabmixer pürieren. Weiter warm halten.

Den Spargel zum Garnieren in Salzwasser garen und auf einem Geschirrtuch abtropfen lassen.

Die Suppe in Tellern oder einer Terrine anrichten und mit Forellenkaviar, gehacktem Schnittlauch und einem Klecks Crème fraîche garniert servieren.

4 PORTIONEN
- 500 g grüner Spargel
- 2 Schalotten
- etwas Butter zum Braten
- 1 Glas trockener Weißwein
- ca. 3 EL Kalbsfond
- 200–300 g Sahne
- Salz und frisch gemahlener schwarzer Pfeffer
- 2 EL Forellenkaviar oder anderer Fischrogen
- 1 Bund Schnittlauch
- 4 EL Crème fraîche

GUT DAZU: SELBST GEMACHTER FRISCHKÄSE AUF BROT

Naturjoghurt über Nacht durch einen Kaffeefilter abtropfen lassen. Mit Basilikum, Thymian oder Petersilie verrühren. Einen Schuss gutes Olivenöl dazu und mit Salz und Pfeffer abschmecken. Das schmeckt einfach herrlich, auch zu neuen, gekochten Kartoffeln.

Frischkäse mit Kräutern auf dem Brot passt gut zur Spargelsuppe.

HERZHAFTES SPARGELOMELETT

PRO PORTION
5 dünne grüne Spargelstangen
1 Stück frische Chorizo
Öl zum Braten
Kirschtomaten zum Garnieren
2 Eier
Salz und frisch gemahlener schwarzer Pfeffer
etwas Parmesan
Petersilie zum Bestreuen

Wenn es bei der Gartenarbeit hoch hergeht, kann ein Omelett lebensrettend sein. Es ist warm, sättigt gut und ist schnell zubereitet.

Den Spargel waschen, putzen und die holzigen Enden abbrechen. Die Chorizo in etwa ½ cm dicke Scheiben schneiden. Das Öl in einer Pfanne erhitzen und die Spargelstangen mit der Chorizo darin braten. Die Kirschtomaten halbieren, kurz auf der Schnittseite anbraten und dann wieder herausnehmen.

Die Eier mit etwas Salz und Pfeffer verquirlen. Häufig gibt man etwas Sahne oder Milch dazu, aber ich mache das nie. Spargel und Chorizo-Scheiben gleichmäßig in der Pfanne verteilen, die verquirlten Eier darübergießen und die Pfanne dann etwas rütteln.

Parmesan darüberhobeln und schmelzen lassen, einen Deckel auf die Pfanne legen und fertig garen.

Auf einem Teller mit den Tomatenhälften und der Petersilie anrichten. Ausgiebig genießen, damit man den Rest des Tages weiter graben kann.

Eier und Spargel, eine ideale Kleinigkeit.
Nächste Seite links: Kleiner Sommerstrauß mit gegrilltem Spargelsalat.

SPARGEL IN PARMASCHINKEN MIT PARMESAN

Ein kleiner Mittagsteller, den man gut draußen in der Sonne genießen kann. Als Vorspeise kann man die Zwiebel und den Mozzarella weglassen, sonst wird es zu viel. Selbstverständlich gehört auch ein gutes Stück Brot dazu.

Die Spargelstangen waschen und die holzigen Enden abbrechen. Jede Spargelstange in eine Schinkenscheibe rollen.

Die Zwiebel schälen und längs halbieren. Einen kleinen Schuss Öl in einer Pfanne erhitzen und die mit Schinken umwickelten Spargelstangen rundherum anbraten, dann auch die Zwiebel braten.

Den Mozzarella in kleine Stücke zupfen.

Petersilienöl: Petersilie und geschälten Knoblauch fein hacken und in etwas Olivenöl verrühren, mit Salz und Pfeffer abschmecken.

Tomaten in Stücke schneiden und mit Spargel, Zwiebel und Mozzarella auf einem Teller anrichten, mit ein wenig Petersilienöl beträufeln, salzen, pfeffern und etwas Parmesan darüberreiben.

PRO PORTION ALS LEICHTES MITTAGESSEN
- 3 grüne Spargelstangen
- 3 Scheiben Parmaschinken oder anderer luftgetrockneter Schinken
- 1 rote Zwiebel
- Öl zum Braten
- etwas Büffelmozzarella
- 1–2 Tomaten
- Salz und frisch gemahlener Pfeffer
- etwas Parmesan

PETERSILIENÖL
- 1 kleines Bund Petersilie
- ½ Knoblauchzehe
- 2 TL Olivenöl
- Salz und frisch gemahlener Pfeffer

GEGRILLTER SPARGELSALAT

Das Einfachste ist oft das Beste. Dieser Salat passt zu vielen Gelegenheiten, zu denen ich ihn gern als Vorspeise serviere. Hierbei verwende ich italienische Pancetta, einen luftgetrockneten gewürzten Bauchspeck vom Schwein.

Die Spargelstangen waschen und die holzigen Enden abbrechen. Die Stangen längs halbieren, dünne Stangen können auch ganz gegrillt werden. Auf einen Teller legen und mit etwas Öl begießen, dann die Stangen in dem Öl wälzen, bis sie glänzen.

Eine Grillpfanne erhitzen und die Pancetta schnell auf beiden Seiten anbraten, dann wieder herausnehmen. Das geht sehr schnell, weil es sehr dünne Scheiben sind.

Dann die Spargelstangen in die Pfanne legen und von allen Seiten grillen, sie sollen auch schöne Abdrücke auf der Schnittfläche erhalten.

Die Tomaten halbieren, mit der Schnittfläche nach unten dazulegen und ebenfalls kurz braten, sodass sie etwas warm werden.

Spargel, Tomaten und Pancetta auf einem Teller anrichten.

Die Spinatblätter für ein paar Sekunden in die heiße Pfanne geben und dann zu dem Spargel legen.

Mit Petersilie, geriebenem Parmesan, Salz und frisch gemahlenem Pfeffer garnieren und würzen. Dann genießen.

Siehe Foto auf der nächsten Seite.

PRO PORTION ALS VORSPEISE
- 2–3 dicke grüne Spargelstangen
- Öl zum Grillen
- 2 Scheiben Pancetta oder anderer luftgetrockneter Schinken
- ca. 3 Kirschtomaten
- ein paar frische Spinatblätter
- etwas Petersilie
- etwas Parmesan
- 1 Prise Meersalzflocken
- frisch gemahlener schwarzer Pfeffer

SMÖRREBRÖD MIT GEGRILLTEM SPARGEL UND BROKKOLIPESTO

Ich liebe das dänische Smörrebröd! Grobes, kerniges Vollkornbrot in dicke Scheiben geschnitten und üppig belegt, nicht nur mit einer dünnen Scheibe Salami. Nein, es ist fast eine komplette Mahlzeit. Es kann mit Krabben, Fisch oder Fleisch belegt oder auch ganz vegetarisch sein. Man könnte es als Nationalgericht der Dänen bezeichnen. Im Gasthaus bestellt man oft eine Platte mit gemischtem Smörrebröd, Bier und Schnaps. Fast scheint es ein kleines Buffet zu sein, was einem da an den Tisch gebracht wird.

Wie auch immer, es ist köstlich und hat meine belegten Brote sehr inspiriert, die ich mit allem Möglichen belege. Weiße Bohnen, mit Basilikum und Knoblauch püriert, ergeben auf Roggenbrot eine perfekte Grundlage, um darauf ein paar Scheiben Tomaten zu legen. Ein gesunder Sattmacher, den man außerdem auch gut zum Strand mitnehmen kann.

Wenn Spargelzeit ist, mache ich oft Smörrebröd mit dem Brokkolipesto von Seite 58 und serviere es mit gegrilltem Spargel und Tomaten. Einfach, voller Vitamine und sehr lecker. Das Brokkolipesto sollte Zimmertemperatur haben, aber nicht wärmer.

Dafür dicke grüne Spargelstangen längs halbieren und in einer Pfanne schnell rundherum grillen. Dann auch einige Kirschtomaten halbieren, mit der Schnittfläche nach unten in die Pfanne legen und grillen, bis ihre Ränder leicht schwarz werden. Das schmeckt köstlich auf einer Scheibe Brot, die gegrillt oder geröstet wird. Etwas Öl muss auch noch für den guten Geschmack dazu.

Wenn Sie etwas Fleisch möchten, passt luftgetrockneter Schinken gut dazu – in Streifen geschnitten – oder schnell gebratene Pancetta (luftgetrockneter Bauchspeck), die dann auf Küchenpapier abtropfen soll. Abgekühlte Pancetta wird so knusprig, dass man sie wunderbar über das belegte Brot bröseln kann. In Italien gibt es zahlreiche Variationen von Pancetta, auch geräucherte, und in vielen verschiedenen Geschmacksrichtungen.

Wenn Sie kein Brot essen wollen, geben Sie das Brokkolipesto auf einen Teller und belegen es mit dem Spargel und den Tomaten. Mit gutem Olivenöl beträufeln, salzen und pfeffern.

Von leckerem sommerlichem Smörrebröd kann man gar nicht genug bekommen. Nächste Seite: Auf den Heuwiesen um Kinnekulle blühen Storchenschnabel, Glockenblumen, Bach-Nelkenwurz, Margeriten und Mädesüß.

ÜBER DAS LANDLEBEN, DAS GLÜCK UND DIE ÖKOLOGIE

MITTEN AUS DER GROSSSTADT kam ich hinaus aufs Land. Eigentlich hatte ich es gar nicht geplant und es sollte auch nur für kurze Zeit sein. Aber nun wohne ich schon seit 1989 in Kinnekulle. Früher in der Stadt war ich rastlos, ich suchte das Glück und wusste nicht, was das eigentlich bedeutet und wo ich es finden könnte. Mit flackerndem Blick war ich ständig auf der Suche, aber immer nur im Nachtleben der Großstadt unterwegs; damals war ich jung und tat das, was junge Leute eben so tun.

Wie auch immer: Eines Tages kam ich nach Kinnekulle und traf Ruhe, Stille und Vogelgezwitscher an. Es beeindruckte mich, wie die Menschen hier das Land bearbeiteten, die Felder pflügten und für das Essen sorgten, das wir jeden Tag auf den Tisch bekommen. Ich will nicht behaupten, dass das Leben auf dem Land das einzig Richtige ist, aber mir gingen hier die Augen auf und ich hörte auf, weiterzusuchen. Ich habe mich in die alten roten Holzhäuser verliebt, Höfe, wie man sie noch heute hier findet. Und ich bin umgeben von Menschen, die gärtnern und anbauen. Viele von ihnen sind mit Leib und Seele Biogärtner und Biobauern. Mit der Zeit wurde es auch wichtig für mich – hat man einmal angefangen, ökologisch zu denken und zu handeln, gibt es keinen Weg zurück.

Essen sollte Essen sein und nicht Chemie. Wenn wir die besten Obst- und Gemüsesorten je nach Saison wählen, haben wir eine große Vielfalt in unserer Küche. Wer wie wir auf dem Land lebt und Hofläden in der Nähe hat, hat es leichter; in der Stadt muss man vielleicht etwas mit seinem Gemüsehändler diskutieren.

Wenn Ihnen die Umstellung schwerfallen sollte, dann fangen Sie einfach mit wenigen Produkten wie Milch, Kartoffeln und Kaffee an. Für mich war es einfach, Bioprodukte zu kaufen, als ich mir die Menschen vorstellte, die auf den Kaffeeplantagen arbeiten. Die Besitzer dieser Plantagen stehen selten in Giftwolken, doch die Arbeiter auf den Feldern können ihre Kinder nicht umarmen, ohne sich erst das Gift abzuwaschen.

Von Zeit zu Zeit bin ich auch leicht fanatisch. Ich erinnere mich noch gut, als ich Fleisch und Würste bei meinem Lieblingsmetzger in Stockholm kaufen wollte. Er erkannte mich wieder, strahlte über das ganze Gesicht und ich begeisterte mich für all seine Köstlichkeiten. Die schönen Schinken und die Würste aus Italien und Spanien, die ich schon immer geliebt habe.

Aber plötzlich rutschte mir die Frage heraus: Was davon ist Bio?

Es war, als ob sich der Himmel verdunkelte. Der Metzger wurde bleich und antwortete leise: Nichts. Ich sah ihm in die Augen, wir standen beide stumm da und sahen uns an, dann bedankte ich mich und sagte, dass ich nichts kaufen wollte. Es war zuerst eine harte Probe, als ich die Köstlichkeiten links liegen ließ. Aber gleich danach fühlte es sich gut an und ich ging erhobenen Hauptes hinaus.

Nach diesem Vorfall habe ich kaum noch Wurst gekauft. Stattdessen mache ich mir selbst Steaks aus Biofleisch von ausgewählten Biohöfen. Ich würze sie unterschiedlich und schneide sie in dünne Scheiben, wenn sie kalt geworden sind.

Manche fragen, ob man Bioprodukten wirklich trauen kann. Nein, nicht zu hundert Prozent, aber man kann sicher sein, dass Gespritztes gespritzt ist.

So, und jetzt grabe ich mir ein paar Kartoffeln für mein Mittagessen aus.

POMMES UND KETCHUP

KETCHUP
1 EL Tomatenmark
200 ml Balsamicoessig
1 EL Koriandersamen
6 Pimentkörner
6 schwarze Pfefferkörner
2 Lorbeerblätter
1 TL Paprikapulver (nach Wunsch geräuchert)
½ TL Cayennepfeffer
1 Zwiebel
3–4 Knoblauchzehen
2–3 rote Chilischoten (nach Wunsch auch mehr)
2 Dosen Kirschtomaten (à 400 g)
Salz (nach Belieben)
ca. 100 g dunkler Muscovadozucker

POMMES FRITES
mindestens 10 festkochende Kartoffeln
Öl zum Frittieren
Meersalzflocken

Es ist wunderbar, einen Sommertag mit Pommes und Ketchup zu vertrödeln.

KETCHUP
Das Tomatenmark leicht in einem Topf anrösten, das gibt einen intensiveren Geschmack. Den Essig und alle Gewürze bis auf Zucker und Salz zugeben, etwa 10 Minuten köcheln lassen.

Zwiebel und Knoblauch schälen und fein hacken, Chili ebenfalls fein hacken. Alles zusammen mit den Tomaten zum Tomatenmark geben. Frische Tomaten gehen auch, sofern sie gut aromatisch sind. Gründlich verrühren und aufkochen, salzen und zuckern.

Bei schwacher Hitze köcheln lassen, bis es eindickt. Das dauert eine Weile und es kann auch spritzen, legen Sie daher einen Spritzschutz auf den Topf. Wenn das Ketchup dicker wird, alles mit dem Stabmixer pürieren, bis es schön glatt ist.

Abschmecken und eventuell noch etwas einkochen lassen. Abkühlen lassen und währenddessen die Kartoffeln vorbereiten. Das Ketchup reicht für einige Tage, kann aber auch den ganzen Sommer im Kühlschrank aufbewahrt werden.

POMMES FRITES
Nehmen Sie festkochende Kartoffeln, sie werden zweimal frittiert. Einige behaupten sogar, am besten schmeckten sie nach drei Frittiergängen. Die Kartoffeln werden möglichst in etwa 1,5 cm dicke Stäbchen geschnitten. Wer eine Fritteuse besitzt, nimmt natürlich diese, aber mit einem Topf oder einer Frittierpfanne auf dem Herd geht es genauso gut.

Die ungeschälten Kartoffeln abschrubben und in Stäbchen schneiden, dann eine Weile in Wasser legen. Das Wasser abschütten und die Kartoffelstäbchen mit einem Küchenhandtuch trocken tupfen.

Das Öl erhitzen und mit einem Kartoffelstückchen testen, ob das Öl heiß genug ist. Jeweils eine kleine Menge frittieren, bis die Kartoffeln goldgelb geworden sind, dann die Pommes mit einer Schaumkelle herausholen und abtropfen lassen.

Nun die Pommes ein zweites Mal frittieren, diesmal werden sie schnell braun und knusprig. Abgetropft mit Meersalz bestreuen.

Mit dem Ketchup und Bier oder Rotwein in der Sonne servieren.

Ja, manchmal muss es richtig üppig sein!

KNUSPRIGE BRATKARTOFFELN MIT ROSMARIN

ZUTATEN

festkochende neue Kartoffeln (z.B. Linda oder Sieglinde)
Salz
Rosmarin
Olivenöl
Knoblauch (nach Wunsch)

Man kann nie genug gute Kartoffelrezepte haben und dieses hier ist ideal, wenn man viele Gäste hat. Ofenkartoffeln werden noch besser und knuspriger, wenn man sie kurz vorkocht, bevor man sie in den Ofen stellt, aber sie dürfen dabei nicht ganz durchgaren.

Den Backofen auf 175 °C vorheizen.

Die geschrubbten ungeschälten Kartoffeln in Salzwasser fast weich kochen.

Das Wasser abgießen und die Kartoffeln mit einem Holzlöffel drücken, bis sie leicht zerfallen.

Die Kartoffelstücke in eine ofenfeste Form geben und mit fein gehacktem Rosmarin bestreuen sowie mit Olivenöl beträufeln. Auch etwas Knoblauch schmeckt gut darin, je nachdem, wozu man die Kartoffeln serviert.

Gut vermischen und in den vorgeheizten Ofen stellen. 30–40 Minuten backen, bis die Kartoffeln knusprig und schön goldbraun sind.

Wenn der Sommer am schönsten ist, will ich lange sitzen und genießen.

LECKERE FRITTIERTE KLEINIGKEITEN

WAS GIBT ES SCHÖNERES AN EINEM SOMMERABEND, ALS EIN GLAS ROSÉ UND ETWAS LECKERES ZUM KNABBERN? GENAUSO GUT PASST DAS DUO AUCH ZUM FERNSEHABEND ODER ZU EINEM ANDEREN ANLASS.

FRITTIERTE WEISSE BOHNEN

In Italien habe ich einmal getrocknete Bohnenkerne gegessen, die zuerst gewässert und dann frittiert wurden – lecker! Da es schwierig sein kann, getrocknete dicke Bohnen zu bekommen, habe ich es mit großen Weißen Bohnenkernen probiert. Es hat gut funktioniert und sie fanden reißenden Absatz.

ZUTATEN
getrocknete dicke Weiße Bohnen
Öl zum Frittieren
frische Salbeiblätter
Salz
Cayennepfeffer (nach Wunsch)

Die Bohnenkerne über Nacht einweichen, das Wasser wechseln und etwa 10 Minuten darin kochen. Das Wasser abgießen und die Bohnen abkühlen lassen. Ganz Orthodoxe entfernen die Schale, was ich aber nicht tue. Sie ist ja dünn und wird herrlich knusprig.

Frittieröl in einer Pfanne erhitzen und jeweils eine kleine Portion Bohnen darin frittieren, bis sie gar sind, dann abtropfen lassen. Die trocken getupften Salbeiblätter ebenfalls frittieren und abtropfen lassen.

Die Bohnen mit Salz und nach Wunsch mit Cayennepfeffer würzen. Die Salbeiblätter darüberstreuen und zum Wein servieren.

WURZELGEMÜSE-CHIPS

Wahnsinnig gut, aber es macht etwas Arbeit, bis das ganze Wurzelgemüse geschnitten ist. Mit einem Gemüsehobel geht es einfacher. Aber mit einem scharfen Messer und etwas Geduld funktioniert es genauso gut.

ZUTATEN
Ein guter Mix aus:
Roter Bete
Gelber Bete
Pastinaken
Möhren
Öl zum Frittieren
Salz
Basilikum

Das Gemüse gut schrubben und alles in dünne Scheiben schneiden. Das Öl in einer Frittierpfanne erhitzen. Jeweils kleine Mengen frittieren, abtropfen lassen und danach noch einmal frittieren. Rote und Gelbe Bete müssen eventuell auch ein drittes Mal frittiert werden. Salzen und mit frittiertem Basilikum bestreuen.

Siehe Foto auf der nächsten Seite.

Etwas ungewöhnlich, aber enorm gut: frittierte Bohnen.
Nächste Seite: Ein Freund, ein kalter Rosé und frittierte Wurzelgemüse-Chips – köstlich!

PIMIENTOS DE PADRÓN

In Spanien serviert man häufig kleine frittierte Paprikaschoten. Sie sind nicht scharf, aber sie schmecken kräftig, vielleicht sogar einen Hauch bitter. Sie können wirklich süchtig machen und sind eine köstliche Beilage, zudem schnell gemacht.

Die kleinen Paprikaschoten liegen in den meisten Läden bei den Chilischoten.

Es gibt kein Rezept, wie man sie optisch schön zubereiten kann. Sie sehen einfach nicht so hübsch aus und damit muss man leben. Gewöhnlich serviert man sie frittiert, man kann sie aber auch genauso gut mit etwas Öl in der Pfanne braten.

Rundherum anbraten, bis sie an den Rändern etwas angebrannt sind, dann abtropfen lassen. Salzen und die Paprikaschoten warm in der Sonne servieren.

Pimientos de Padrón sind wie Rosenknospen, bevor man sie gebraten hat. Danach sehen sie aus wie Rosen nach einem heftigen Sommergewitter, aber ihr Geschmack leidet nicht darunter.

PIZZA IN 1001 VARIATIONEN

PIZZA IST EIN IDEALES ESSEN FÜR VIELE GÄSTE, ABER ES IST GENAUSO SCHÖN, SICH EINE KLEINE PIZZETTA ZU TEILEN. ES LOHNT SICH, EINE GROSSE MENGE AN KLEINEN PIZZETTE ZU BACKEN, UM SIE EINZUFRIEREN. DANN KANN MAN SIE SCHNELL IM OFEN AUFBACKEN, WENN EINEN DER HUNGER ÜBERFÄLLT.

EIN ZARTER TEIG ERGIBT DIE BESTEN PIZZEN

Die Hefe in 2 EL lauwarmem Wasser auflösen. Das Mehl mit dem Salz auf ein Backbrett sieben, in die Mitte eine Vertiefung drücken und vorsichtig das Hefewasser, Öl und eventuell die Milch hineingießen.

Zu einem geschmeidigen Teig verarbeiten und wenn nötig noch mehr Milch oder Wasser zugeben.

Den Teig mindestens 10 Minuten durchkneten, dann zu einer Kugel formen und gehen lassen, bis er doppelt so groß geworden ist. Rechnen Sie dafür etwa 2 Stunden ein.

Den Teig zur gewünschten Form ausrollen.

TIPP FÜR SAUERTEIG

Wer rechtzeitig daran denkt, kann eine supergute Pizza mit Sauerteig machen. Dafür muss man allerdings drei Tage vorher den Sauerteig ansetzen, bevor man backt, aber das ist es wert.

TEIGMENGE FÜR EINE GROSSE PIZZA ODER FÜR MINDESTENS 20 PIZZETTE

- 15 g Hefe
- 225 g Weizenmehl oder Hartweizenmehl
- 1 TL Salz
- 2 EL Olivenöl
- 3 EL Milch (kann weggelassen werden)

Sich eine Pizzetta mit roten Zwiebeln und Thymian zu teilen, kann so schön sein.

PIZZA FÜR ALLE MIT GEGRILLTEN AUBERGINEN UND PARMASCHINKEN

PIZZATEIG FÜR 4 PORTIONEN
1 Rezept Pizzateig (siehe oben). Längliche Pizzen formen, die man gut in handlich breite Streifen schneiden kann.

TOMATENSAUCE
2–3 Knoblauchzehen
Olivenöl zum Braten
1 EL Tomatenmark
2 Dosen Bio-Kirschtomaten (à 400 g)
getrockneter Oregano
Salz und frisch gemahlener schwarzer Pfeffer
getrocknete Chiliflocken (nach Wunsch)

PIZZABELAG
2 Auberginen
etwas Olivenöl
eine dünne Schicht Tomatensauce (etwas mehr als die Hälfte des Rezepts oben)
ca. 6 Scheiben Parmaschinken
Salz und frisch gemahlener schwarzer Pfeffer
getrockneter Oregano oder fein gehackte Minze
Rucola zum Garnieren

Bei dieser Pizza lasse ich den Käse immer weg, sie ist dennoch saftig und gut. Wer es ganz gut meint, kann noch fein geriebenen Parmesan darüberstreuen.

TOMATENSAUCE
Wenn Sie die Tomatensauce kochen, machen Sie besser etwas mehr als nötig. Man kann sie immer gebrauchen. Etwa die Hälfte der Sauce benötigen wir für die Pizza.

Knoblauch schälen und fein hacken. Öl in einem Topf erhitzen und den Knoblauch weich dünsten, ohne dass er braun wird. Das Tomatenmark zugeben und etwas anrösten, um ein gutes Aroma zu erhalten.

Die Dosentomaten und den Oregano zugeben, aufkochen und köcheln lassen, bis die Flüssigkeit größtenteils eingekocht ist.

Mit Salz und Pfeffer abschmecken. Wer mag, würzt die Sauce noch mit ein paar Chiliflocken.

PIZZABELAG
Den Backofen auf 250 °C vorheizen. Wer einen Backstein besitzt, sollte ihn dazu in den Ofen legen.

Die Auberginen in dünne Scheiben schneiden und ohne Öl in einer Grillpfanne auf beiden Seiten grillen. Danach die Scheiben auf eine Platte legen und mit Olivenöl beträufeln, dabei auch umdrehen.

Den Teig auf die gewünschte Form ausrollen, eine dünne Schicht Tomatensauce daraufstreichen und mit den Auberginenscheiben belegen. Den Schinken in Streifen schneiden und über die Pizza streuen, salzen und pfeffern.

Im vorgeheizten Ofen 10–15 Minuten backen, bis die Pizza eine schöne Farbe hat.

Mit etwas Olivenöl beträufeln und eine Prise Oregano oder fein gehackte Minze darüberstreuen. Mit Rucola garnieren und sofort servieren.

Pizza sollte mit den Fingern gegessen werden. Wenn man sie auf einem Brett serviert, muss man fast überhaupt nichts spülen.

PIZZETTE MIT VERSCHIEDENEN BELÄGEN

ES GIBT KEIN GESETZ, DAS BESAGT, DASS PIZZA RUND ODER MIT TOMATEN BELEGT SEIN MUSS. IN ROM SERVIERT MAN „PIZZA BIANCA", WAS EIGENTLICH KEINE PIZZA IST, SONDERN EIN DÜNNES BROT, GEWÜRZT MIT OLIVENÖL, ROSMARIN UND SALZ. DAS HAT MICH INSPIRIERT, ABER ICH HABE NOCH ETWAS MOZZARELLA UND PARMESAN HINZUGEFÜGT.

PIZZETTA MIT ROTEN ZWIEBELN UND THYMIAN

PRO PIZZETTA

- Pizzateig (siehe Seite 47)
- ca. ¼ rote Zwiebel
- ¼ Mozzarella (ca. 30 g)
- eine kleine Handvoll geriebener Parmesan
- ca. 14 frisch gepflückte Thymianblättchen (einige zum Garnieren aufbewahren)
- Salz und frisch gemahlener schwarzer Pfeffer
- gutes Olivenöl

Den Backofen auf 250 °C vorheizen. Wer einen Backstein besitzt, sollte ihn dazu in den Ofen legen.

Etwas Teig ausrollen, ungefähr so groß wie ein Golfball. Es reicht, wenn die Pizzetta 20 cm Durchmesser hat. Die Zwiebel schälen und in hauchdünne Streifen schneiden.

Alle Zutaten außer dem Öl auf den Teig geben, beachten Sie dabei, dass es keine dicken Schichten sein dürfen. Vorsichtig salzen und pfeffern. Etwa 6 Minuten backen, ohne dass der Käse verbrennt.

Mit etwas Olivenöl beträufeln und mit paar Thymianblättchen garnieren. Sofort servieren.

Siehe Foto auf Seite 46.

PIZZETTA MIT ZUCCHINI UND CHILI

PRO PIZZETTA

- Pizzateig (siehe Seite 47)
- ca. 10 dünne Zucchinischeiben
- ¼ Mozzarella (ca. 30 g)
- eine kleine Handvoll geriebener Parmesan
- Salz und frisch gemahlener schwarzer Pfeffer
- ca. ½ rote Chilischote
- gutes Olivenöl
- getrockneter Oregano oder fein gehackte Minze

Den Backofen auf 250 °C vorheizen. Wer einen Backstein besitzt, sollte ihn dazu in den Ofen legen.

Etwas Teig ausrollen, ungefähr so groß wie ein Golfball. Es reicht, wenn die Pizzetta 20 cm Durchmesser hat.

Die Zucchinischeiben auf den Teig legen, mit dem Käse bestreuen, salzen und pfeffern. Chili in Ringe schneiden und nach Belieben mit oder ohne Samen darüberstreuen. Etwa 6 Minuten backen, ohne dass der Käse verbrennt.

Mit etwas Olivenöl beträufeln und eine Prise Oregano oder fein gehackte Minze darüberstreuen. Sofort servieren.

Köstliche kleine Veggie-Pizzette vergolden die Mittagspause.

FRISCHE KRÄUTER

INZWISCHEN SIND WIR das ganze Jahr über mit frischen Kräutern gut versorgt, aber im Sommer ist es herrlich, wenn man eigene Kräuter ernten kann. Ich wünschte, ich hätte Zeit für größere Kräuter- und Gemüsebeete.

Aber ich habe Basilikum und Rosmarin in Töpfen und in meinem Garten wachsen Salbei und Thymian. Auch Oregano wächst dort, aber sein Aroma kommt an das des italienischen nicht heran. Oregano ist getrocknet übrigens am besten.

Basilikum kann man eigentlich nie genug haben, allerdings nur vor seiner Blüte. Dann muss man die Blütenansätze herausschneiden, damit die Pflanze weiterwächst. Das geht schnell, denn Basilikum ist sehr blühfreudig.

Ich verwende meist das kleinblättrige Buschbasilikum, teils, weil die Kugeln hübsche kleine Bäumchen werden, und teils, weil man sie leichter schneiden kann. In warmen Sommern kann man sie gut draußen treiben lassen, aber man stellt besser auch ein paar Töpfe an ein sonniges Fenster. Sie brauchen viel Wasser und welken schnell, wenn sie zu wenig gegossen werden. Ich weiß nicht, ob es stimmt, aber ich habe gehört, dass sie nicht so eng stehen wollen, deshalb pflanze ich immer nur eine Pflanze in einen Topf.

Die Töpfe ergeben auch eine nette Tischdekoration, wenn man Gäste zum Essen hat. Natürlich gibt es dann frische Tomaten und vielleicht Mozzarella dazu, Olivenöl nicht zu vergessen. Frisches Basilikum darf man in Saucen und Suppen nicht lange mitkochen. Es sollte nur in den letzten Minuten untergerührt werden, damit es Aroma abgibt – kocht es zu lange, dann verschwindet das Aroma.

Rosmarin ist das Gewürz, das ich am häufigsten in meiner Küche verwende. Ich liebe ihn in fast allen Gerichten und zerstoße die Nadeln mit etwas Salz als Schleifmittel im Mörser. Man kann auch eine Knoblauchzehe dabei zerreiben und dann mit etwas Öl, Salz und Pfeffer vermischen. Mit dieser Mischung kann man sowohl Geflügel als auch Lammsteaks einreiben, die im 175 °C warmen (nie wärmeren) Ofen dann fertig gebraten werden.

Rosmarin ist nicht winterfest. Über den Winter muss er in einem kalten Raum mit viel Licht stehen. Wenn Sie ihn überwintert bekommen, wird es mit der Zeit eine schöne, große Pflanze, die außerdem mitten im Winter blühen kann und dann mit ihrem Duft das ganze Haus erfüllt. Ansonsten schneiden Sie die Pflanze herunter und trocknen die Zweige für den Winterbedarf. Auch getrockneter Rosmarin schmeckt gut.

Salbei ist auch einen Versuch wert. Auch wenn er ziemlich winterfest ist, geht er doch in kalten Wintern leicht ein. Man kann ihn natürlich genauso überwintern wie den Rosmarin. Aber er ist nicht einfach in der Handhabung, denn er verwächst sich gern in den Oliven- und Zitronenbäumchen.

Am besten schmeckt Salbei zu hellem Fleisch wie Geflügel, Schwein oder Kalb. Die Blätter lassen sich gut frittieren und über das Essen bröseln. Im Garten sieht sein Platz im Winter etwas verwahrlost aus und man möchte ihn am liebsten herunterschneiden. Tun Sie es nicht, denn Salbei treibt nur schlecht am alten Holz aus. Schneiden Sie nur die weichen Spitzen.

Zu den einfachsten Kräutern zählt der *Thymian*, auch wenn dieser ebenfalls im Winter abfriert. Aber Thymian säht sich gern selbst aus und so hat man immer neue Pflanzen. Im Frühsommer sind die Triebe jung, zart und wunderbar zu schneiden. Sie können die Pflanzen leicht kissenförmig formen. Aber ein paar Pflanzen sollten Sie in Ruhe lassen, damit sie blühen und sich aussähen können. Ich mag es, Thymian und Salbei am Kiesweg in der Nähe der Küche anzubauen, es duftet so gut, wenn man vorbeigeht und schafft eine behagliche Atmosphäre.

Alle Kräuter lassen sich auch als Stämmchen erziehen und so ein Thymianbäumchen ist ungewöhnlich schön. Kräuterstämmchen sind jedoch weniger winterhart, man muss sie also schützen, wenn es kalt wird. Ein paar Minusgrade bewältigen sie problemlos, und ich schleppe sie nicht vor Weihnachten ins Haus, wenn es nicht unbedingt nötig ist.

Mit der Zeit muss man sie in größere Töpfe umtopfen, damit die Kräuter gut gedeihen. Es hat sich bewährt, im Frühling die Wurzeln der Kräuter zu beschneiden. Nehmen Sie den gesamten Erdklumpen heraus und schneiden Sie etwa 30 Prozent der Wurzeln rundherum und am Boden ab. Dann pflanzen Sie die Pflanze in neue Erde und bald wachsen die Wurzeln munter weiter und Ihre Kräuter gedeihen prächtig.

Ein Kräutergarten in Töpfen ist sowohl praktisch als auch schön. Im Kies blüht der Lavendel.
Vorige Seite: Das Buschbasilikum muss immer wieder geschnitten werden, damit es nicht blüht.

PIKANTE DIPS

MAN SOLLTE IMMER EINIGE BASIS-DIPS IM HAUS HABEN, DIE ZU VIELEM SCHMECKEN UND DIE MAN AUCH ALS AUFSTRICH AUF EIN BELEGTES BROT GEBEN KANN. HIER SIND MEINE FAVORITEN, DIE ICH DEN GANZEN SOMMER ÜBER VARIIERE. SIE PASSEN GUT ZU GEGRILLTEM FLEISCH, GEBRATENEM ODER GEKOCHTEM FISCH ODER GEMÜSE.

BOHNEN-TOMATEN-DIP

Dieser Dip schmeckt am besten lauwarm.

Das Wasser von den Bohnen abgießen, Knoblauch schälen und fein hacken, Chili und Kräuter fein hacken, Tomaten halbieren und alles mit allen anderen Zutaten außer dem Öl pürieren. Nach und nach das Öl zugießen, bis der Dip eine cremige Konsistenz hat. Mit Salz und Pfeffer abschmecken.

Den Schärfegrad müssen Sie selbst bestimmen, aber eine leichte Schärfe bekommt den Bohnen gut. Manchmal nehme ich Tomaten aus der Dose, dann gieße ich zuerst das Wasser ab.

Wenn Sie getrocknete dicke Bohnen finden, wird es auch sehr gut, aber diese müssen über Nacht eingeweicht und die Schale entfernt werden. Am einfachsten ist es mit gekochten Bohnen, aber auch Kichererbsen eignen sich gut.

4 PORTIONEN ALS BEILAGE

- ca. 400 g gekochte Weiße Bohnen (oder Kichererbsen)
- 2–3 Knoblauchzehen
- ½ rote Chilischote
- 1 Topf Basilikum oder Petersilie
- ca. 6 Kirschtomaten
- Salz und frisch gemahlener schwarzer Pfeffer
- ca. 100 ml gutes Olivenöl

MOZZARELLACREME

Die Creme kann süchtig machen und passt besonders gut zu gekochten Wachsbohnen, Rote Bete und Blumenkohl, aber auch zu Tomaten, Salaten und Fisch.

Sämtliche Zutaten bis auf das Öl in den Mixer geben und pürieren. Nach und nach das Öl zugießen, bis alles eine herrlich weiche Konsistenz hat. Mit Salz und Pfeffer abschmecken.

Mit Ricotta statt Mozzarella schmeckt die Creme ebenfalls köstlich. Geben Sie dabei noch zwei Eigelbe zum Binden dazu.

4 PORTIONEN ALS BEILAGE

- 125 g Mozzarella (Nettogewicht ohne Lake)
- (ersatzweise 50 g Ricotta und 2 Eigelb)
- 1–2 Knoblauchzehen
- ½ Topf Basilikum
- Salz und frisch gemahlener schwarzer Pfeffer
- ca. 100 ml Olivenöl

Bohnendips sind leicht zuzubereiten und können vielseitig variiert werden.

BROKKOLIPESTO MIT BÄRLAUCH UND BASILIKUM

4 PORTIONEN ALS BEILAGE
2 Brokkoli (ca. 500 g)
Salz
10 Bärlauchblätter oder
2–3 Knoblauchzehen
1 Topf Basilikum
60–120 g Sonnenblumenkerne
ca. 100 ml gutes Olivenöl
frisch gemahlener
schwarzer Pfeffer
Parmesan (nach Wunsch)

Im Frühling und bis in den Frühsommer hinein verwende ich Bärlauch als Würzkraut, bevor die Zeit für den frischen Knoblauch kommt.

Brokkoli in kleine Röschen zerteilen, den Strunk schälen und in Stücke schneiden. Zuerst den Strunk einige Minuten in Salzwasser kochen, bevor man die Röschen zugibt. Das Wasser muss kochen, bevor der Brokkoli hineinkommt, sonst verliert er seine Farbe und wird grau. Wenn er fast weich ist, das Kochwasser abgießen und den Brokkoli kurz mit kaltem Wasser abschrecken. Bärlauch fein hacken (oder Knoblauch, falls verwendet, schälen und fein hacken). Basilikumblättchen ebenfalls fein hacken.

Brokkoli mit Bärlauch oder Knoblauch, Basilikum und Sonnenblumenkernen im Mixer pürieren. Nach und nach das Öl zugießen, bis alles schön cremig ist. Mit Salz und Pfeffer abschmecken. Der Dip wird an der Oberfläche leicht etwas grau, wenn er länger offen steht, deshalb müssen Sie ihn vor dem Servieren immer kurz durchrühren.

Wer mag, kann auch noch geriebenen Parmesan unterrühren, aber dann verliert der Brokkoli etwas von seiner schönen Leichtigkeit.

WÜRZMAYONNAISE

4 PORTIONEN ALS BEILAGE
200 ml Mayonnaise
2 EL Olivenöl
½ TL Salz
frisch gemahlener
schwarzer Pfeffer

Ich hätte nie geglaubt, dass ich einmal ein Rezept für normale Mayonnaise aufschreiben würde, aber diese Mayonnaise passt so gut zu Gemüse, gegrilltem Fleisch und Fisch. Man kann auch wunderbar Pommes frites hineindippen.

Die Mayonnaise in eine Schüssel geben und das Olivenöl mit einem Löffel unterrühren. Es vermengt sich völlig mit der Mayonnaise. Mit Salz und Pfeffer abschmecken.

Brokkolipesto ist eine schmackhafte sommerliche Beilage, die zu vielem passt und bei keinem Grillabend fehlen darf.

FAST TÄGLICH CHILI

VON CHILI KANN MAN LEICHT SÜCHTIG WERDEN. Wer noch keine Erfahrung damit gesammelt hat, braucht eine gewisse Zeit, um die verschiedenen Geschmacksrichtungen kennenzulernen und zu schmecken, wie sich diese bei der Zubereitung oder durchs Trocknen verändern. Frischer oder getrockneter Chili? Das ist natürlich eine Geschmacksfrage und hängt davon ab, was man kochen will. In Eintöpfen und Schmorgerichten würde ich getrockneten bevorzugen, aber zu Salaten und Dips, die nicht gekocht werden, passt frischer Chili. Getrockneten Chili kann man blanchieren, wenn er beispielsweise in einer Sauce püriert werden soll. In getrocknetem Chili konzentriert sich sein Geschmack, und durch Rösten, Blanchieren oder Mahlen der Schoten können Sie ihn beeinflussen. Ich bin kein großer Chilizüchter, aber ich kaufe jedes Jahr einige Pflanzen, die – je nach Wetterlage – draußen auf der Terrasse wachsen dürfen oder sich mit dem Basilikum am Blumenfenster drängen müssen. Sie brauchen sehr viel Sonne und Wärme, sodass die Sommerseite während der Saison immer belagert ist.

Am besten wächst Chili angeblich in Mexiko. Ich habe viele Freunde, die leidenschaftliche Chiligärtner sind und ihre Gewächshäuser und Fensterbänke mit vielen verschiedenen Sorten füllen, teils höllisch scharf, teils mild und süß. Viele von ihnen sind Mitglieder in Chiliclubs und erhalten dort Samen von seltenen Sorten, aber man findet auch interessante Sorten in gut sortierten Gartenmärkten.

Getrockneter Chili hat einen reifen Geschmack, gewisse Sorten können nach Tabak, Beeren, Lakritz oder Schokolade schmecken. Die süßeste von allen ist Chili Ancho. Als frische Pflanze heißt sie poblano pepper und zählt in Mexiko zu den beliebtesten Chilisorten. Das dicke Fruchtfleisch schmeckt nach Rosinen und Pflaumen. Es passt gut in Eintöpfe, ist aber auch ideal in Desserts und Schokolade.

Wenn Sie Chili rösten, entwickelt sich sein Aroma. Schneiden Sie den Schaft ab und legen Sie die Schoten bei mittlerer Hitze in eine trockene Pfanne. Drücken Sie leicht mit einer Gabel darauf und rösten Sie sie rundherum. Sie sollen nicht verbrennen und sind fertig, wenn es um sie herum leicht raucht.

Getrocknete Schoten können etwas zu zäh sein, um sie von Hand zu hacken, zu zermahlen oder zu zerreiben. Am besten eignet sich eine Kaffeemühle, dann braucht man für den Frühstückskaffee aber eine neue! In den meisten Haushalten gibt es handliche Zerkleinerer (z. B. Blitzhacker), mit denen man auch gute Ergebnisse erzielt.

Man kann die Schoten auch mit heißem Wasser übergießen und etwa 15 Minuten ziehen lassen. Dann mit einem Teil des Einweichwassers zu einem glatten Püree mixen: perfekt für Eintöpfe und Saucen.

Viele entfernen die Samen, um die starke Schärfe zu mildern, aber der meiste Geschmack sitzt in den Wänden, die die Samen zusammenhalten. Die Samen selbst haben einen leicht bitteren Geschmack, der die Süße und Fruchtigkeit der Chili ausgleicht.

Wer mehrere Chilipflanzen hat, kann bald schon mehr ernten, als er verarbeiten kann. Dann lassen sich die Früchte ausgezeichnet im Ofen trocknen. Dazu den Backofen auf 50–60 °C Umluft heizen und die Schoten lange darin trocknen. Wenn man die Schoten teilt, geht es zwar schneller, aber ganz sehen sie in den Gläsern im Küchenregal einfach schöner aus. Man kann sie auf einen Faden aufziehen und zum Trocknen ans Fenster hängen.

Chilis lassen sich auch ausgezeichnet einfrieren, um sie später in Saucen und Eintöpfen zu verwenden. Wenn sie auftauen, sind sie zwar nicht mehr knackig, aber das macht nichts, da sie dann sowieso lange kochen.

Vergessen Sie nie, sich gründlich die Hände zu waschen, nachdem Sie Chilis geschnitten haben; es brennt höllisch, wenn man versehentlich die Augen reibt oder die Lippen berührt.

Nächste Seite: Wenn ich Zeit hätte, wäre ich auch ein leidenschaftlicher Chiligärtner, so kaufe ich aber jedes Jahr verschiedene Sorten und ernte davon meinen Wintervorrat.

CHILIKONFITÜRE MIT PFLAUMEN ODER PFIRSICHEN

ZUTATEN
800 g Steinfrüchte (z. B. Pflaumen oder Pfirsiche)
200 g rote Chilischoten
ca. 500 g Zucker

Chilikonfitüre für den Herbst- und Wintervorrat.

Die Früchte entsteinen und in kleinere Stücke schneiden. Die Chilis in Streifen schneiden. Vergessen Sie nicht, sich gründlich die Hände zu waschen, nachdem Sie die Chilis geschnitten haben.

Chilis, Früchte und Zucker etwa 20 Minuten zusammen kochen, falls nötig, ca. 50 ml Wasser zugeben. Die Schärfe bestimmen Sie selbst, je nachdem, wie viele Chilis Sie zugeben.

CHILIKONFITÜRE MIT PAPRIKA

ZUTATEN
800 g rote Paprikaschoten (4–5 Stück)
200 g rote Chilischoten
500 g Zucker

In Italien habe ich mich in eine Konfitüre verliebt, die aus Paprika und Chili gekocht wird. Sie schmeckt hervorragend zu Käse und Wurst.

Samen und Scheidewände aus den Paprika entfernen und das Fruchtfleisch in kleinere Stücke schneiden. Die Chilis in Ringe schneiden. Vergessen Sie nicht, sich gründlich die Hände zu waschen, nachdem Sie die Chilis geschnitten haben.

Chilis und Paprika in einem Topf mit Zucker und 50 ml Wasser aufkochen und bei schwacher Hitze etwa 1 Stunde köcheln lassen. Die Masse pürieren und noch einmal aufkochen, dann in saubere Gläser abfüllen.

Wer nichts aufbewahren will, der kocht nur die halbe Menge; dann kann man mit vielen Gästen Käsewürfel dippen. Nehmen Sie dafür einen kräftigen Käse.

Kräftigen Västerbotten-Käse in die fruchtig-scharfe Marmelade zu dippen, ist an einem lauen Sommerabend das Beste, was es gibt. Und wenn es regnet, schmeckt es fast noch besser.

SOMMERLICHE SAUCEN MIT CHILI

AUCH EINFACHE SAUCEN SIND GOLD WERT UND WERDEN SOGAR NOCH BESSER, WENN SIE EINE WEILE ZIEHEN DÜRFEN, AM BESTEN ÜBER NACHT. WENN SIE DIESE SAUCEN EIN PAAR MAL GEMACHT HABEN, WÄHLEN SIE DIE ZUTATEN FREI NACH GUTDÜNKEN, UM NEUE GESCHMACKSRICHTUNGEN ZU ERFINDEN, DIE IHNEN AM MEISTEN ZUSAGEN.

CHIMICHURRI

Eine herrliche südamerikanische Sauce, die sich unendlich abwandeln lässt. Sie passt sehr gut zu gebratenem oder gegrilltem Fleisch.

Von der Paprika Samen und Scheidewände entfernen, den Knoblauch schälen. Beides grob hacken und mit Chili und Petersilie im Mixer fein pürieren. Kreuzkümmel, Zitronenschale und Essig zugeben und zum Schluss nach und nach das Öl zugießen. Mit Salz und Pfeffer abschmecken und gut verrühren.

Variieren Sie die Schärfe und die Geschmacksrichtungen mit frischen Kräutern wie Minze, Koriander, Basilikum oder Thymian.

ZUTATEN
1 grüne Paprikaschote
3 Knoblauchzehen
1 grüne Chilischote (mit oder ohne Samen)
1 Bund glatte Petersilie
½ TL gemahlener Kreuzkümmel
abgeriebene Schale von 1 Bio-Zitrone
3 EL Apfelcidre-Essig
ca. 100 ml gutes Olivenöl
Salz und frisch gemahlener schwarzer Pfeffer

SALBITXADA

Eine delikate spanische Mandelsauce mit angenehmer Schärfe, die gut zu Gemüse, Fisch und Fleisch passt. Sie eignet sich auch perfekt zu gebratenen Hähnchenkeulen, die in die Sauce gedippt werden, siehe Rezept auf Seite 72.

Machen Sie gleich die doppelte Menge, die Sauce hält sich auch bei sommerlich warmem Wetter gut.

Den Knoblauch schälen und die Mandeln leicht in einer trockenen Pfanne anrösten. Sämtliche Zutaten bis auf das Öl im Mixer zusammen pürieren. Dann das Öl nach und nach zugießen. Mit Salz und Pfeffer abschmecken.

In Spanien bereitet man die Sauce im Mörser zu und das Öl wird tropfenweise zugegeben, ähnlich wie bei Aioli. Ich nehme lieber den Mixer, wenn die Zeit knapp ist. Bei Zimmertemperatur servieren.

ZUTATEN
6 Knoblauchzehen
2 EL geschälte Mandeln
2 rote Chilischoten (mit oder ohne Samen)
1 Dose Kirschtomaten (400 g; ohne Saft)
1 Bund glatte Petersilie
1 EL Rotweinessig
Salz und frisch gemahlener schwarzer Pfeffer
150 ml Olivenöl

Für den Strand, für Gegrilltes und alles, was man im Sommer isst: Chimichurri (die grüne Sauce), Salbitxada (die rote Sauce).

MIT DEM PICKNICKKORB ZUM STRAND

VIELLEICHT ZÄHLEN FAULE TAGE AM STRAND zu den Höhepunkten des Sommers. Sonne, Baden und dann hungrige Münder, die sich eifrig um den Picknickkorb scharen. Will man einen ganzen Tag am Strand verbringen, muss auch gutes Essen dabei sein. Bananen und durchgeweichte Butterbrote machen zwar auch satt, aber gutes Essen ist doch etwas anderes.

Wählen Sie Gerichte, die sich morgens schnell und unkompliziert zubereiten lassen. Am besten etwas, das man einfach essen kann, ohne es aufwärmen zu müssen, selbstverständlich mit pikanten Saucen und würzigen Dips. Unbedingt gehört auch das gute spanische Kartoffelomelett *Tortilla Española* dazu, weil es viele mögen und gut sättigt.

Bohnen- und Linsensalate mit Vinaigrette passen perfekt, sie halten sich frisch und können unendlich variiert werden.

Im Ofen gebratene Hähnchenkeulen mit Salz und Pfeffer und einigen Tropfen Zitronensaft gewürzt sind ebenfalls ein ideales Essen für draußen, das außerdem am Strand leicht zu bewältigen ist – es sei denn, man lässt die Keulchen in den Sand fallen ...

Nach dem Picknick ist man von der Hitze, dem Essen und dem guten Wein ein wenig geschafft. Ich liebe dieses Gefühl und die gemächlichen Gespräche, die sich bis zum Sonnenuntergang hinziehen. Aber plötzlich sehen mich alle an und fragen, wer eigentlich das Abendessen macht.

Wieder ein heißer Tag, das Essen ist vorbereitet und die Taschen sind gepackt. Jetzt gehen wir zum Strand.

FÜR DEN PICKNICKKORB

TORTILLA ESPAÑOLA

Ein gutes spanisches Kartoffelomelett. Manchmal liest man Rezepte, in denen Zwiebeln oder Paprika, Schinken und andere Gemüse vorkommen. Aber am besten sind einfach nur Kartoffeln, Eier und Salz.

10 PORTIONEN
9 mittelgroße Kartoffeln
Öl zum Braten
4–5 Eier
1 TL Salz

Die Kartoffeln waschen, gründlich schrubben und in dünne Stäbchen schneiden. Kartoffeln mit dünnen Schalen müssen nicht geschält werden.

Die Stäbchen bei mittlerer Hitze in Öl braten, dabei mit dem Pfannenwender zerstoßen, damit sie nach und nach zerbröseln. Die Pfanne zur Seite stellen, die Kartoffeln herausnehmen und so viel Öl wie möglich herauspressen.

Die Eier in einer Schüssel mit dem Salz verquirlen und die Kartoffeln dazugeben. Gut vermischen und die Kartoffeln etwas mit einer Gabel zerdrücken, damit es leicht breiig wird. Abschmecken und eventuell noch nachsalzen. Der Teig soll ziemlich dick und leicht zähflüssig sein.

Öl in einer Pfanne erhitzen und den Teig hineingeben; die Unterseite bei mittlerer Hitze durchbraten. Einen Teller als Deckel auflegen und das Omelett damit wenden, dann wieder vorsichtig in die Pfanne gleiten lassen und fertig braten.

Auf eine Platte legen und abkühlen lassen. Dann das Omelett in Stücke schneiden und für das Picknick einpacken. Wenn Sie Glück haben, bleibt noch ein Rest übrig.

Wenn Sie die Tortilla zubereiten, machen Sie etwas mehr, damit es auch noch für den nächsten Tag reicht. Ideal für plötzliche Hungerattacken.

HÄHNCHENKEULEN AUS DEM OFEN MIT GELBER BETE UND MÖHREN

ZUTATEN
Hähnchenkeulen
Olivenöl
Salz und frisch gemahlener schwarzer Pfeffer
frisch gepresster Saft von ½ Zitrone
Gelbe Bete
Möhren
frischer Thymian

DAZU
Salbitxada (siehe Seite 67)

Pro Person rechnet man 2 Keulen je nach Größe.

Den Backofen auf 175 °C vorheizen.

Die Hähnchenkeulen in eine Auflaufform legen, einen Schuss Olivenöl darübergeben, mit Salz und Pfeffer würzen und etwas Zitronensaft darüberträufeln. 40–45 Minuten im Ofen backen, herausnehmen und abkühlen lassen.

Wenn Sie mögen, schmecken auch halbierte Gelbe Bete und Möhren gut dazu, die gleichzeitig im Ofen backen können. Das Gemüse mit Salz und Pfeffer und etwas Thymian würzen. Wenn genügend Platz in der Auflaufform ist, können die Bete auch zusammen mit dem Geflügel braten.

Von der Mandelsauce die doppelte Menge zubereiten. Sie hält sich auch bei sommerlich warmem Wetter gut und passt ausgezeichnet, um die Hähnchenkeulen zu dippen.

Siehe Foto auf der nächsten Seite.

GEGRILLTE FRÜCHTE MIT FRISCHEM ORANGENSAFT UND MINZE

4 PORTIONEN
1 Ananas
2 Pfirsiche
1 Orange
eine Handvoll Minze

Auch ein Dessert sollte beim Strandpicknick dabei sein. Gegrillte Früchte ergeben ein herrlich frisches und gesundes Dessert. Außerdem halten sie sich den ganzen Tag frisch, ohne matschig zu werden.

Die Ananas schälen und in etwa 1 cm dicke Scheiben schneiden. Die Pfirsiche halbieren, entsteinen und in größere Scheiben schneiden. Die Fruchtstücke in einer Grillpfanne ohne Fett grillen – sie hängen nicht an. Die Wärme setzt die Aromen frei und die Früchte werden süßer, ohne dass man sie zuckern muss. Die abgekühlten Früchte in eine Schüssel legen. Wenn es Zeit für das Dessert ist, werden sie angerichtet, etwas Orangensaft darübergepresst und mit gehackter Minze bestreut. Lecker! Jetzt wünscht man sich nur noch, in der Nähe wäre eine Kaffeebar …

Überraschung: ein leckeres Dessert am Strand.
Nächste Seite: Alle haben gebadet und freuen sich auf ein ausgiebiges Strandpicknick auf den Klippen.

REGENTAGE

PLÖTZLICH STEHT MAN ETWAS RATLOS DA und fragt sich, was mit der Sonne geschehen ist. Selbst wenn man das hochsommerliche Wetter etwas satt hat, wundert man sich jedes Mal aufs Neue. An solchen Tagen wünsche ich mir eine Glasveranda mit Sprossenfenstern, Spitzengardinen, alten Butzenscheiben und altmodischen Geranien an den Fenstern. An einen solchen Platz zieht es mich bei Regen, ins helle Licht, umgeben von der Familie und guten Freunden. Wir lesen Zeitung, schmökern uns durch Bücher und verbringen gemächlich den Tag zusammen, um nette Gespräche zu führen. Wenn wir Glück haben, backt uns jemand frische Hefeschnecken zum Kaffee und nach dem Essen kommen Spiele auf den Tisch.

Lange habe ich mich nach einer Sommerveranda gesehnt, bis ich die Sache endlich in die Hand nahm. Ein Entwurf wurde gemacht, Baugenehmigungen eingeholt. Es sollte eine große, altmodische Veranda werden, auf der viele Platz haben. Von der Küche aus sollte eine Treppe auf die Veranda hinuntergehen und von dort sollten Sprossen-Glastüren weiter in den Garten führen. Ich beauftragte ein Bauunternehmen, bestellte einen Kalksteinsockel und ließ die Bodenplatte gießen. Es sollte eine große Veranda mit hohem Dach werden, das neue Glanzstück des Hauses.

Ich liebe das Haus, in dem ich wohne. Es wurde mit gutem Gespür für Proportionen und Details entworfen und plötzlich merkte ich, wie die neue Veranda dieses Haus radikal verändern würde. Abgesehen davon, dass die Veranda selbst wunderbar wäre, würden sich die Proportionen des Hauses verschieben und vielleicht würde ich das verlieren, was ich an diesem Haus so liebe. Der Bau geriet ins Stocken und nun sitze ich stattdessen auf einer sündhaft teuren Terrasse. Aber das macht nichts, ich liebe sie und habe darauf Platz für viele Gäste.

Man muss das Leben nehmen, wie es gerade ist, und für mich ist es ebenso herrlich, barfuß in der Küche zu stehen und in aller Ruhe etwas zu kochen, während es draußen regnet.

Ein Buch, ein Glas Wein, ein alter Küchenstuhl und ein Dach über dem Kopf – mehr braucht man nicht an einem Sommerregentag.

ITALIENISCHER NUDELAUFLAUF MIT TOMATENSAUCE

FÜR 4 HUNGRIGE
1 Aubergine
200 g Champignons
Öl zum Braten und für die Form
Salz und frisch gemahlener schwarzer Pfeffer
500 g Makkaroni (ersatzweise Penne)
Tomatensauce (siehe unten)
200 g Käse
6 Scheiben Parmaschinken
200 g Mozzarella
etwas Parmesan

TOMATENSAUCE
Öl zum Braten
2 Knoblauchzehen
etwas gehackte rote Chilischote (nach Wunsch)
1 EL Tomatenmark
2 Dosen Kirschtomaten (à 400 g)
getrockneter Oregano
Salz und frisch gemahlener schwarzer Pfeffer

Vergessen Sie den Nudelauflauf aus Kindertagen, auch wenn er damals gut geschmeckt hat. Jetzt machen wir ihn viel besser. Die Tomatensauce passt hervorragend zu jeder Art gekochter Nudeln.

Den Backofen auf 190 °C vorheizen.

Mit der Tomatensauce beginnen, siehe Rezept unten.

Aubergine und Champignons in Scheiben schneiden. Das Öl in einer Pfanne erhitzen und die Aubergine von beiden Seiten bräunen, auch die Champignons bräunen. Leicht salzen und pfeffern.

Die Makkaroni in Salzwasser al dente, das heißt bissfest, kochen.

Eine ofenfeste Form am Boden und an den Rändern etwas einölen. Mit der Hälfte der Nudeln den Boden bedecken, einige Löffel Tomatensauce darauf verteilen, den Käse reiben und etwas davon darüberstreuen.

Den Parmaschinken in Streifen und den Mozzarella in Stücke schneiden. Champignons, Auberginenscheiben, Parmaschinken und die Hälfte des Mozzarellas in die Form schichten.

Die restliche Tomatensauce mit den restlichen Nudeln mischen und über die Gemüseschicht geben. Zum Schluss den übrigen geriebenen Käse und Mozzarella auf den Auflauf streuen und alles 20 Minuten im Ofen überbacken.

Mit geriebenem Parmesan bestreuen und servieren.

TOMATENSAUCE
Etwas Öl in einem Topf erhitzen. Den Knoblauch schälen und darin weich dünsten, ohne dass er braun wird, Chili und Tomatenmark zugeben. Das Tomatenmark leicht anrösten, das gibt einen intensiveren Geschmack. Tomaten und Oregano zugeben. Aufkochen und dann bei geringer Hitze köcheln lassen, denn Tomatensauce kann sonst leicht den ganzen Herd vollspritzen, während sie kocht. Mit Salz und Pfeffer abschmecken und so lange kochen lassen, bis die Sauce eingedickt ist.

Nicht nur bei Kindern, sondern auch bei Erwachsenen beliebt: ein köstlicher Nudelauflauf.

SELBST GEMACHTES PANIERMEHL SORGT FÜR KNUSPRIGEN GESCHMACK

IN SÜDITALIEN HABE ICH VIEL ÜBER PANIERMEHL GELERNT. SEITDEM BENUTZE ICH NUR NOCH KNUSPRIGES SELBST GEMACHTES PANIERMEHL MIT KRÄUTERN FÜR EINE KRUSTE AUF NUDELGERICHTEN, FISCH ODER FLEISCH. MANCHMAL SCHNEIDE ICH DAS FLEISCH IN GROBE STÜCKE UND STREUE DIE KRÄUTERBRÖSEL DARÜBER, DANN DECKE ICH ALLES MIT FOLIE AB UND BRATE ES ZWEI STUNDEN IM 175 °C WARMEN OFEN. WENN BESUCH DA IST, BRATE ICH DAS FLEISCH IM GANZEN UND STREUE DIE BRÖSELKRUSTE ERST DANN DARÜBER, WENN DER BRATEN FAST FERTIG IST.

MIT FENCHEL GERÖSTETER SCHWEINE-RÜCKEN MIT KRÄUTERKRUSTE

Ich liebe solche einfachen Gerichte und serviere sie mit Gemüse und gekochten neuen Kartoffeln. Im Herbst schmeckt auch ein Kartoffelpüree gut dazu. Wir fangen mit der Kräuterkruste an, siehe unten.

Den Backofen auf 175 °C vorheizen.

Das Fleisch mit den Fenchelsamen, Salz, Pfeffer und etwas Öl einreiben. In einer Pfanne rundherum anbraten. Ein Ofenthermometer mittig in das Fleisch stecken und das Fleisch im Ofen weiterbraten.

Wenn der Braten eine Kerntemperatur von etwa 70 °C erreicht hat, gibt man die Kräuterbrösel vorsichtig auf die Oberseite des Fleisches und drückt sie etwas an, damit die Kruste das Fleisch abdeckt. Es macht nichts, wenn ein paar Brösel abfallen. Weiterbraten, bis eine Kerntemperatur von 83 °C erreicht ist. Den Braten vor dem Aufschneiden 10 Minuten ruhen lassen.

KRÄUTERKRUSTE

Man kann frisches, aber auch genauso gut altes Brot verwenden. Trockenes Brot sollte etwas in Öl eingeweicht werden; manchmal gebe ich auch einen Schuss Weißwein dazu.

Die Brotscheiben kurz in der Küchenmaschine zerkleinern oder mit den Fingern in kleine Stücke brechen. Sie müssen nicht gleichmäßig vermahlen sein wie bei konventionellem Paniermehl; die knusprige Kruste entsteht durch die unterschiedlich großen Brösel. Den Knoblauch schälen und mit den Kräutern fein hacken. Die Brösel in eine Schüssel geben, Petersilie, Knoblauch und Salbei dazugeben und das Öl unterrühren. Gut vermischen und mit Salz und Pfeffer würzen. Bei Zimmertemperatur durchziehen lassen, bis die Mischung auf das Fleisch gestrichen wird.

4 PORTIONEN

ca. 800 g Schweinerücken (mit oder ohne Knochen)
1 TL Fenchelsamen
Salz und frisch gemahlener schwarzer Pfeffer
Öl zum Einreiben und Braten

KRÄUTERKRUSTE

2 Scheiben Brot (am besten aus Sauerteig)
3 Knoblauchzehen
1 Bund Petersilie
ca. 10 Salbeiblätter
ca. 250 ml Olivenöl
Salz und frisch gemahlener schwarzer Pfeffer

IM GRÜNEN FEIERN

IN SCHWEDEN KENNT FAST JEDER das Gemälde „Künstlerfest bei M. u. A. Ancher“ von Peder Severin Krøyer, auf dem die ganze Familie mit Kindern und Freunden an einer festlichen Tafel im Garten sitzt und sich mit Sekt zuprostet. Wenn man das Bild sieht, möchte man am liebsten dabei sein. Das Schöne an dem Gemälde ist, dass die Menschen dabei das Fest ausmachen, ohne dass die Festtafel allzu üppig ist.

Sie und ich waren sicher auch schon bei ähnlichen Festen, wo einfach alles passte, und es ein wunderbares Ereignis wurde. Meistens liegt es daran, dass der Gastgeber das Gefühl vermittelt, willkommen zu sein, ohne allzu viel Firlefanz.

Auch wenn ich sehr wohl den Glanz der feinen Salons liebe, muss alles rund um den Küchentisch das Herz berühren. Das gilt auch für das normale Alltagsessen, das gern auch auf dem Balkon, auf der Terrasse oder im Garten stattfinden kann.

Natürlich will man den Tisch schön decken. Die Blumen, die man beim Spaziergang oder im Beet gepflückt hat, sind oft die schönste Tischdekoration. Nur eine Blume in einer Vase oder viele kleine Vasen zusammen wirken wie eine Sommerwiese. Ich selbst mag die eng gebundenen Floristen-Buketts nicht allzu sehr. Nein, einfach und romantisch ist es einfach am schönsten.

Wenn bei mir ein Fest stattfindet, versuche ich immer, es draußen auszurichten. Wenn wir richtig viele sind, decke ich auf dem großen Gartenweg vor dem Schuppen. Auch wenn der Zahn der Zeit am Haus genagt hat, bietet es eine herrliche Kulisse und Atmosphäre. Ich liebe diesen Platz, auch wenn man von dort nicht in den blühenden Garten blicken kann.

Es wäre ein Leichtes, schöne große Blumenarrangements für den Tisch zu machen, wäre da nicht das Essen, das auch noch Platz haben soll. Und weil ich das Essen gern auf schönem Geschirr serviere, sollen lieber die Teller „aufblühen“. Stattdessen platziere ich rund um den Tisch meine derzeit schönsten Kübelpflanzen, die ich auf Säulen und Ständern arrangiere.

In hellen Sommernächten dauert das Fest die halbe Nacht lang, es wird ja nie ganz dunkel.
Nächste Seite: Wer hat gesagt, dass du zum Essen eingeladen bist?

DRAUSSEN KOCHEN

MEIN TRAUM WÄRE EINE FREILUFTKÜCHE MIT ALLEM, WAS DAZUGEHÖRT: EIN GROSSER UND EIN KLEINER GRILL, MIT GROSSZÜGIGEN ARBEITSFLÄCHEN, DIE LEICHT ZU REINIGEN SIND, FLIESSENDEM WASSER UND EINEM ABLAUF. ABER ES REICHEN AUCH EIN NORMALER GRILL UND EIN PROPAN-GRILLANZÜNDER.

SCHARFER SCHWEINENACKEN

Wenn Sie *Chili Ancho* verwenden, erhalten Sie einen sehr fruchtigen Geschmack mit einer herrlichen Süße. Die Chili 15 Minuten in kochendem Wasser ziehen lassen, dann fein schneiden. Normale frische Chilis können Sie schneiden, ohne sie vorher zu blanchieren.

Die Kartoffeln waschen und halbieren, sie sollten nicht zu groß sein. Das Fleisch in kleinere Stücke schneiden, den Knoblauch schälen.

Zuerst die Kartoffeln im Öl leicht bräunen, dann das Fleisch, Knoblauch und Chili zugeben. Die Tomaten dazugeben, wenn das Fleisch gut angebraten ist, dann mit Salz und Pfeffer abschmecken.

Bei mittlerer Hitze schmoren lassen, bis der Tomatensaft verdampft und karamellisiert ist, dabei häufig umrühren. Das dauert etwa 30 Minuten. Kurz vor dem Servieren die Bohnen und Zuckerschoten darüberstreuen.

4 PORTIONEN

- eine ganze *Chili Ancho* oder eine normale rote Chilischote
- 300 g Kartoffeln
- 500 g Schweinenacken
- 4 Knoblauchzehen
- Öl zum Braten
- 2 Dosen Kirschtomaten (à 400 g)
- Salz und frisch gemahlener schwarzer Pfeffer
- eine Handvoll gekochte Bohnen
- eine Handvoll Zuckerschoten (ersatzweise Spinat oder Petersilie)

Eine gelungene Geschmacksexplosion von Säure, Schärfe und heißem Sommer.

VEGETARISCHE PAELLA MIT AIOLI

PAELLA FÜR 2 PERSONEN
1 rote Paprikaschote
Öl zum Braten
225 g Paella- oder Risottoreis
½ g Safran
1 Dose Kirschtomaten (400 g)
Salz
eine Handvoll dicke Bohnen oder Erbsen
eine Handvoll grüne Bohnen oder Zuckerschoten

AIOLI FÜR 2 PERSONEN
2 Eigelb
2–3 Knoblauchzehen
100 ml Olivenöl
100 ml Rapsöl
1 Prise Salz
evtl. frisch gepresster Zitronensaft, Kräuter oder Chili zum Würzen

Im Prinzip kann eine Paella alles Mögliche enthalten, Hauptsache, sie besteht aus Reis und Safran – wobei, man kann sie sogar ohne Safran zubereiten. Üblich sind Fisch und Fleisch, dann meist Geflügel oder Kaninchen. Auch Meeresfrüchte und Tintenfisch schmecken gut darin, aber vergessen Sie nie, eine Aioli dazu zu servieren.

PAELLA

Samen und Scheidewände von den Paprika entfernen und das Fruchtfleisch in grobe Streifen schneiden. Auf der Hautseite in etwas Öl in der Pfanne anbraten, herausnehmen und zur Seite stellen.

Den Reis in das Öl einrühren, den Safran zugeben und ein paar Minuten braten. Tomaten und etwa 500 ml Wasser zugeben, salzen und umrühren.

Die Paprikastreifen mit der Hautseite nach oben kranzförmig auf den Reis legen und das Wasser sanft einköcheln lassen. Ab jetzt nicht mehr umrühren. Immer wieder nachschauen, etwas Wasser nachgießen, falls es ansetzt. Etwa 20 Minuten kochen lassen.

Dicke Bohnen kann man frisch nur in Schoten kaufen. Die Schoten entkernen und die Bohnen für ca. 30 Sekunden in kochendem Wasser blanchieren, danach kalt abspülen und die Schalen abziehen. Auch die Erbsen, grünen Bohnen und Zuckerschoten – falls verwendet – kurz blanchieren.

Kurz bevor der Reis fertig gekocht ist, die Bohnenkerne, Erbsen und die anderen Schoten über die Paella streuen. Mit Aioli servieren.

AIOLI

Die Aioli wird mit etwas Zitronensaft gewürzt. Wer mag, kann auch Kräuter und Chili dazu probieren. Es kommt immer auf das Gericht an, aber verwenden Sie bitte keine gekaufte Mayonnaise.

Die Eier rechtzeitig aus dem Kühlschrank nehmen, denn sie müssen Zimmertemperatur haben. Man kann sie auch jetzt schon trennen, dann erreichen sie schneller die gewünschte Temperatur. Die Knoblauchzehen schälen und in einem Mörser zerstoßen oder mit dem Messer fein hacken und mit dem Schneidblatt zerdrücken.

Das Knoblauchmus in eine Schüssel geben und das Öl nach und nach in kleinen Tropfen bei ständigem Rühren unterschlagen – am besten mit einem elektrischen Rührgerät. Immer weiterschlagen und das Öl tropfenweise zugeben. Wenn es etwas andickt, das Öl in dünnem Strahl gießen und weiterrühren, bis die Aioli eine cremige Konsistenz hat. Mit Salz abschmecken.

Paella kann man auf viele Arten zubereiten, mit einem guten Reis gelingt es am besten.

BBQ-SPARERIBS VOM GRILL

BBQ-SPARERIBS
4 PORTIONEN

1 Zwiebel
2 Reihen Spareribs (Schälrippchen, Rippchenspeer)
Salz
5 Pimentkörner

BBQ-SAUCE

2 EL Maiskeimöl
2 EL Tomatenmark
1 Zwiebel
6 Knoblauchzehen (nach Wunsch auch mehr)
½ TL Fenchelsamen
½ TL Kreuzkümmel
1 TL Salz
2 EL dunkler Muscovado-zucker
200 ml Apfelcidre-Essig
1 Dose Kirschtomaten (400 g)
4 *Chili Ancho* oder andere rote Chilischote (mit oder ohne Samen)

Ich liebe es, zu grillen und ich mag den etwas rauchigen Grillgeschmack, aber ich grille nicht immer. Das liegt oft daran, dass ich nicht rechtzeitig daran denke, das Grillfeuer anzuzünden, und bis das Glutbett schön aschgrau ist, habe ich meist schon meinen Ofen angestellt. So bin ich nun mal.

Ein Hardcore-Griller ist da routinierter und wirft den Grill bei jedem Wetter an. Er achtet auch auf die Kohlensorte und würde nie schummeln, indem er das Fleisch zum Grillen vorkocht, wie zum Beispiel diese Rippchen. Ich mache das.

Ich zünde den Grill mit Zeitungspapier an, nie mit flüssigem Grillanzünder. Es dauert etwas länger, aber es riecht nicht so unangenehm und kommt mir umweltfreundlicher vor.

Egal, ob Sie grillen oder im Ofen braten, es gilt immer das Prinzip: Eine gute Rohware wird nicht besser, indem man sie mariniert oder mit vielen Zutaten serviert, die nur die Geschmacksknospen durcheinanderbringen. Entweder bekommt das Fleisch den Geschmack oder die Beilage in Form einer guten Sauce oder eines würzigen Dips bringt den Geschmack hinein.

BBQ-SPARERIBS

Die Zwiebeln schälen, in Spalten schneiden und mit den anderen Zutaten für die Spareribs in einen Topf mit so viel Wasser legen, dass alles bedeckt ist. Etwa 20 Minuten kochen. Dann herausnehmen und kühl lagern. Das kann man auch gut bereits am Vortag machen.

BBQ-SAUCE

Es gibt Tausende Varianten von Würzmischungen und Saucen. Diese ist eine gute Basissauce, die Sie mit scharfen Gewürzen weiterentwickeln können. Reste davon können Sie problemlos einige Tage im Kühlschrank aufbewahren.

Öl in einem Topf erhitzen, das Tomatenmark hineingeben und kurz anrösten. Die Zwiebel schälen, fein hacken und mitbraten.

Knoblauch schälen, fein hacken und zusammen mit Fenchelsamen, Kreuzkümmel und Salz zugeben und verrühren. Zucker und den Essig hineingeben und einige Minuten köcheln lassen. Chili fein schneiden und nach Wunsch mit oder ohne Samen mit den Tomaten zufügen.

15–20 Minuten köcheln lassen, abschmecken und abkühlen lassen. Zu einer ganz glatten Sauce pürieren.

Den Grill anzünden und das Fleisch aus der Kühlung nehmen. Dünn mit der Sauce bestreichen und von allen Seiten grillen, bis es durchgebraten ist. Immer wieder mit der Sauce bestreichen. Dann sofort vom Grill mit Gemüse und Salaten servieren. Durch den Zucker erhält das Fleisch eine schön knusprige, leicht angebrannte Kruste.

IM OFEN GERÖSTETE SCHWEINE-RIPPCHEN MIT PETERSILIEN-THYMIAN-PESTO

Einfacher kann Kochen nicht sein. Es schmeckt immer wieder gut und ist perfekt, wenn man weder am Herd noch am Grill stehen will. Aber Sie können natürlich auch den Grill anzünden, wenn Sie mögen. Das Tomatenmark verwende ich oft zum Würzen, aber auch wegen der Farbe. Helles Fleisch, das nicht lange gebraten werden muss, bekommt durch das Tomatenmark eine schönere Farbe und natürlich auch einen besseren Geschmack.

Den Backofen auf 175 °C vorheizen.

Knoblauch schälen, in einem Mörser zerdrücken und mit dem Tomatenmark, Salz, Pfeffer und etwas Öl vermischen. Die Rippchen rundherum mit der Gewürzmischung einreiben und etwa 40 Minuten im Ofen backen. Die Tomaten in Spalten schneiden, etwa 15 Minuten vor Garzeitende dazulegen und mitbacken.

Da die Gewürzmischung meist zu schnell weg ist, sollten Sie lieber etwas mehr davon zubereiten. Sie schmeckt auch ausgezeichnet als Dip zu einem frischen Stück Brot.

PETERSILIEN-THYMIAN-PESTO

Knoblauch schälen, mit allen anderen Zutaten in einem Mixer zerkleinern und mit Salz und Pfeffer abschmecken. Manchmal schmecken die frisch gemahlenen Kräuter etwas bitter, aber wenn die Sauce ein paar Minuten durchzieht, dann bessert sich der Geschmack wieder.

Auch mit Basilikum schmeckt das Pesto gut, wer mag, würzt es mit etwas Chili.

1 RIPPCHENREIHE PRO PERSON

1 Knoblauchzehe
½ EL Tomatenmark
Salz und frisch gemahlener schwarzer Pfeffer
etwas Öl
Tomaten

PETERSILIEN-THYMIAN-PESTO

2 Knoblauchzehen
1 Bund Petersilie
1 EL frischer Thymian
ca. 50 ml gutes Olivenöl
evtl. Basilikum und/oder rote Chilischote
Salz und frisch gemahlener schwarzer Pfeffer

Die gebratenen Rippchen in Petersilien-Thymian-Pesto dippen und genießen.

GERÖSTETE SCHWEINERIPPCHEN MIT ROSMARIN UND TIGERSAUCE

PRO PERSON
ein paar frische Rosmarinzweige
Salz
2 Knoblauchzehen
½ EL Tomatenmark
frisch gemahlener schwarzer Pfeffer
etwas Öl
1 Reihe Schweinerippchen

TIGERSAUCE
100 ml Apfelcidre-Essig
1 EL Tomatenmark
70 g heller Muscovadozucker oder normaler Zucker
1 TL getrocknete Chiliflocken oder auch mehr
1 Sardellenfilet
1 TL Maisstärke

Hier bringt die Tigersauce das süß-scharfe Aroma, das sich wunderbar mit dem gerösteten Rosmarin verbindet.

Wir kochen zuerst die Tigersauce. Das geht leicht und schnell.

Den Backofen auf 175 °C vorheizen.

Rosmarinnadeln mit etwas Salz in einem Mörser zerstoßen, den Knoblauch schälen, zugeben und pürieren. Tomatenmark, Salz und Pfeffer zugeben. Etwas Öl zugeben und mischen. Die Kräuterpaste in die Rippchen einkneten und etwa 40 Minuten im Ofen backen.

Das Rippchenstück aufschneiden und die Fleischknochen nach und nach in die Tigersauce dippen. Dazu passen gut Ofenkartoffeln.

TIGERSAUCE

Eine Sauce, die süchtig macht und nicht nur zu den Schweinerippchen, sondern auch gut zu gebratenem Lachs und Geflügelfleisch passt. Gebratene Rosmarinkartoffeln harmonieren ebenfalls wunderbar mit dieser Sauce.

Alle Zutaten bis auf die Maisstärke mit 100 ml Wasser ein paar Minuten unter Rühren köcheln lassen. Die Maisstärke mit 50 ml kaltem Wasser anrühren und die Sauce damit leicht andicken. Hier braucht man weder Salz noch Pfeffer, aber das kann auch Geschmackssache sein. Vor dem Servieren ganz abkühlen lassen; sie soll aber nicht direkt aus dem Kühlschrank kommen.

Tigersauce kann Ihre Rettung im Sommer sein. Sie passt ausgezeichnet zu Fleisch und gegrilltem Lachs.

DIE ZEIT DER ROSEN

VON BLÜHENDEN ROSENSTRÄUCHERN umgeben zu sein, gehört zu den verschwenderischen Gaben, die uns das Gartenleben jährlich neu schenkt. Ich bin rund um mein Haus von vielen Rosen umgeben, von denen ich die meisten in einem großen Rosenbeet an der Ostseite gesammelt habe; die hochwachsenden Sorten ganz hinten und die niedrigeren weiter vorn. Die meisten blühen nur einmal im Sommer, aber dann bieten sie eine unvergleichliche Blütenpracht. Meist blühen sie rosa und weiß, nur einige sind so dunkel wie ein Rotwein, was die Dramatik steigert. Sie blühen gleich nach Mittsommer, während der hellsten, aber auch der regenreichsten Zeit des Jahres. Doch es regnet nicht jeden Tag, und sobald ein Tag morgens mit Sonnenschein beginnt, frühstücke ich draußen bei meinen Rosen. Nichts kann herrlicher sein, als den Tag in einem Armvoll duftender Rosen zu beginnen.

Auch wenn mein Rosenbeet aus alten gefüllten Duftrosen besteht, schlägt mein Rosenherz doch auch für die offen blühenden Sorten. Ich liebe die Wildrosen mit ihren Hagebutten auf der Heide. Bei den morgendlichen Spaziergängen mit meinem Hund Aile genießen wir die blassrosa Wolken im Frühsommer und staunen im Herbst, wenn sie sich mit wunderschönen roten Hagebutten füllen.

Die Mandarin-Rose ist vielleicht die schönste von allen. Die hohe Strauchrose ist im Frühsommer übersät mit ungefüllten, blutroten Blüten. Leider – oder Gott sei Dank – blüht sie nur für kurze Zeit. Vielleicht gibt es Grenzen, wie lange man die Schönheit dieser Rosen ertragen kann, auch wenn wir sie immer vermissen, sobald sie abgeblüht sind.

Es ist leicht, über Rosenträume zu schreiben, wenn man selbst über ein Stück Land verfügt, aber auch auf dem Balkon oder der Terrasse gedeihen Rosen gut. In meinem Freundeskreis habe ich viele Rosenliebhaber, die Kletterrosen auf ihren Balkons ranken lassen. Diese Rosen sind alle remontierend, das heißt, sie blühen immer wieder aufs Neue.

Solange es sonnig genug ist, können Sie sehr wohl Rosen auf dem Balkon halten. Dann sollten sie aber in winterfeste Töpfe gepflanzt werden, die mit Styropor isoliert sind, damit die Rosen im Winter nicht erfrieren.

Auf der Terrasse, in manchen Jahren auch auf der Gartentreppe, setze ich Beetrosen in Töpfe. Sie duften zwar nicht, sind aber schön und pflegeleicht. Auf dem schwarz gebeizten Terrassentisch wird es hübsch dramatisch, aber nicht romantisch-schön, mit einer roten Rose namens 'Carl Philip'.

Ja, es gibt Unterschiede zwischen „hübsch" und „schön" – „hübsch" ist dramatischer und „schön" natürlicher. Als Kontrast zu meinem hellrot gestrichenen Haus und den schwarz gebeizten Terrassenmöbeln bevorzuge ich ein dramatisches Rot; die Rose 'Carl Philip' hat neben ihren hübschen Blüten auch ein schönes dunkles Blattlaub. Auf der Treppe stehen bei mir im Gegensatz zur Terrasse jedoch immer weiße oder blassrosa Rosen.

Die Mandarin-Rose zählt zu den schönsten Rosensorten.

HOCHSAISON FÜR GEMÜSE

JETZT IM SOMMER MUSS MAN DAS ERNTEFRISCHE GEMÜSE SO RICHTIG AUSKOSTEN. ES IST NICHT SCHWER, BIOPRODUKTE ZU FINDEN, UND WER SELBST ETWAS ANBAUT, FÜR DEN IST DAS GLÜCK VOLLKOMMEN. ALLE GEMÜSE KÖNNEN ALS VORSPEISE ODER BEILAGE SERVIERT WERDEN. GEMÜSEGERICHTE MÖGEN DIE ALLERMEISTEN, BIS AUF TEENAGER. KLAR, ES GIBT AUCH GEWISSE AUSNAHMEN.

GEKOCHTE WACHSBOHNEN MIT BUTTER UND APFELCIDRE-ESSIG

Vielleicht sind Wachsbohnen die köstlichste Bohnensorte.

Alles, was man tun muss, ist lediglich, die Wachsbohnen in Salzwasser bissfest zu kochen und mit weicher Butter zu servieren, die man mit etwas Apfelcidre-Essig angesäuert hat.

ZUTATEN
- Wachsbohnen
- Salz
- Butter
- Apfelcidre-Essig

WACHSBOHNEN MIT IN BASILIKUM-ÖL GEBRATENEM HALLOUMI

ZUTATEN
1 Halloumi-Käse (250 g)
etwas Olivenöl
eine Handvoll Basilikum
Wachsbohnen

Gekochte Wachsbohnen schmecken auch ausgezeichnet mit gebratenem Halloumi.

Den Käse in Stücke schneiden und in eine Schüssel legen. Mit Olivenöl beträufeln und eine Handvoll fein gehacktes Basilikum untermischen. Den Halloumi schnell im Basilikumöl braten.

Die gekochten Bohnen auf einer Platte anrichten und den gebratenen Käse mit dem Öl darauf verteilen und genießen!

GEBRATENE WACHSBOHNEN MIT KRÄUTERN UND KNOBLAUCH

2 PORTIONEN
200 g Wachsbohnen
1 Knoblauchzehe
Rapsöl zum Braten
eine Handvoll Basilikumblätter (evtl. auch Spinat)
Salz und frisch gemahlener schwarzer Pfeffer
Zitrone zum Servieren

Auch diese Alternative zu gekochten Bohnen ist schnell gemacht, nur schafft man es leider kaum, dass sie appetitlich aussehen. Aber sie schmecken ausgezeichnet, allein oder zu gegrilltem Fleisch. Wer mag, kann noch eine Handvoll Spinat unterrühren, was den Nährwert radikal ansteigen lässt.

Die Enden der Bohnen abschneiden. Den Knoblauch schälen und fein hacken. Etwas Öl in einer Pfanne erhitzen und die Bohnen mit dem Knoblauch und dem Basilikum bei mittlerer Hitze braten, salzen und pfeffern.

Wenn sie weich sind, auf einer Platte anrichten und zusammen mit Zitrone servieren.

Manchmal sieht das Beste nicht so schön aus, aber wenn man die Augen schließt, sieht man es nicht. Hauptsache, es schmeckt immer gut.

GEGRILLTE MÖHREN MIT KNOBLAUCHPETERSILIE

PRO PERSON
2 Möhren
½ Knoblauchzehe
eine Handvoll Petersilie
etwas Olivenöl zum Braten
etwas frischer Thymian
Salz und frisch gemahlener schwarzer Pfeffer
evtl. frisch gepresster Zitronensaft

Wenn die zarten Sommermöhren kommen, will man sie jeden Tag essen. Sie eignen sich gut als Beilage oder als kleine Zwischenmahlzeit.

Die Möhren unter fließendem Wasser sauber abbürsten, aber nicht schälen. Der Länge nach teilen. Eine Grillpfanne erhitzen und die Möhren auf beiden Seiten ohne Fett trocken grillen – Sie ersparen sich dadurch den Geruch und das Spülen. Den Knoblauch schälen und fein hacken. Die Petersilie ebenfalls hacken.

Das Öl in einem Topf zusammen mit Knoblauch und Thymian erhitzen. Die Petersilie zugeben, wenn der Knoblauch weich gedünstet ist. Mit Salz abschmecken.

Die Möhren auf einer Platte anrichten, das Petersilienöl darübergießen und etwas schwarzen Pfeffer aus der Mühle darübermahlen. Mit Weißwein und Sonnenschein servieren. Wer mag, gibt noch etwas Zitrone hinzu.

SCHWEDISCHE MÖHREN AUF ITALIENISCH

FÜR 1 KG MÖHREN
1 Bund Petersilie
nach Wunsch ein paar Knoblauchzehen
50 ml Apfelcidre-Essig
1 EL in Salz eingelegte Kapern ohne Lake
50 ml gutes Olivenöl
Salz und frisch gemahlener schwarzer Pfeffer
evtl. frisch gepresster Zitronensaft und Thymian

Manche Rezepte müssen eigentlich gar nicht aufgeschrieben werden, aber alle vergessen von Zeit zu Zeit, wie man Möhren für einen einfachen, aber wunderbaren Salat kocht, der ideal zu einem sommerlichen Buffet passt. Für den italienischen Einschlag sorgen die gekochten Möhren und gesalzene Kapern.

Häufig werden Kapern nur in Essig eingelegt angeboten, aber manchmal entdeckt man auch gesalzene Kapern. Die gesalzenen schmecken besser, müssen aber etwa 30 Minuten in kaltem Wasser gewässert werden.

Die Möhren abbürsten und weich kochen. Der Begriff „al dente" existiert in Italien nicht für Gemüse! Die gekochten Möhren längs halbieren. Petersilie fein hacken, Knoblauch – falls verwendet – ebenfalls schälen und fein hacken. Sämtliche Zutaten zu einem Dressing verrühren und mit Salz und Pfeffer abschmecken.

Das Dressing über die Möhren geben, die man lauwarm oder bei Zimmertemperatur servieren kann, aber nie direkt aus dem Kühlschrank.

Wer mag, gibt noch etwas Zitronensaft und Thymian dazu, aber das hängt davon ab, wozu sie serviert werden.

Gegrillte oder gekochte Möhren passen perfekt als Beilage zum sommerlichen Grillabend.

GEKOCHTE GELBE BETE MIT IN THYMIAN MARINIERTEM HALLOUMI

Ob allein oder als Beilage, zu gegrilltem oder gebratenem Fleisch, das mit Salz und Pfeffer gewürzt ist – die Bete schmecken immer super.

FÜR 1 KG GELBE BETE
Salz
1 Halloumi-Käse (250 g)
1 TL getrockneter Thymian
Olivenöl zum Braten

Die Bete gut abbürsten, aber nicht schälen. In Salzwasser kochen, bis sie weich sind. Das geht schneller als mit Roter Bete. Wer mag, kann sie auch halbieren und im Ofen backen.
Die Gelbe Bete anrichten und den in Thymian marinierten gebratenen Halloumi darüber verteilen, siehe unten.

IN THYMIAN MARINIERTER HALLOUMI
Gebratener Halloumi passt zu gekochten Gelben oder Roten Beten, allerdings nicht ganz so gut zu den runden rot-weißen Beten, die etwas kratziger im Geschmack sind.

Den Käse in Scheiben schneiden – es macht nichts, wenn sie zusammenfallen. Käse und Thymian in eine Schüssel legen, einen Schuss Olivenöl zugießen und einige Minuten ziehen lassen.

Eine Pfanne erhitzen, das Öl mit dem Thymian hineingeben und den Käse schnell anbraten, sobald das Öl warm ist, bis der Halloumi leicht gebräunt ist, ohne zu schmelzen.

WAS TUN MIT KOHLRABI?

Kohlrabi hat einen ganz besonders guten Geschmack, der vor allem in Suppen bestens mit anderen Gemüsesorten harmoniert. Dünne Scheiben davon in Thymian zu braten und auf ein Knäckebrot zu legen, schmeckt wahnsinnig gut.

Es ist auch köstlich, stäbchenförmig geschnittenen Kohlrabi zu frittieren oder zu braten. Anschließend geriebenen Parmesan und etwas gemahlenen schwarzen Pfeffer darüberstreuen. Das ist vielleicht nicht sensationell, aber echt gut. Ein Glas Rosé ist genau das Richtige dazu.

Frittierter Kohlrabi mit Parmesan – köstlich. Und dazu ein Glas Rosé!

GEGRILLTE AUBERGINE MIT MINZE UND KNOBLAUCH

ALS BEILAGE FÜR 4 PERSONEN
1 Aubergine
1–2 Knoblauchzehen
1 Topf Minze
Salz und frisch gemahlener schwarzer Pfeffer
ca. 50 ml gutes Olivenöl

Dieses Rezept habe ich einmal von einem Freund aus Sizilien bekommen. Ich hatte es fast schon vergessen, aber als ich es dann einmal ausprobierte, wurde es einer meiner Favoriten. Es kann als Beilage oder als Teil eines Buffets gereicht werden.

Die Aubergine in dünne Scheiben schneiden und in einer Grillpfanne ohne Fett trocken grillen. Die Scheiben in der Pfanne liegen lassen, bis man die Grillstreifen auf der Oberseite sieht, dann wenden. Die Scheiben nur einmal wenden, damit man schöne Streifen erhält; sie kleben auch ohne Fett nicht an der Pfanne fest.

Knoblauch schälen und mit Minze, Salz, Pfeffer und Öl zusammen glatt pürieren und auf eine Platte geben. Nach und nach die fertig gegrillten Auberginenscheiben auf die Platte legen und in dem Öl marinieren. Die Scheiben gelegentlich wenden, damit sie das Aroma aufnehmen. Immer wieder wenden, bis alle Scheiben fertig sind, dann servieren.

AUBERGINE PASST ZU VIELEM

Ich verwende Auberginen häufig in Nudelsaucen, grob gewürfelt dürfen sie in der Tomatensauce mitkochen. Und wenn die Sauce fertig gekocht ist, mixe ich sie ganz glatt. Das ergibt einen schönen Farbton und eine Abwandlung der normalen Tomatensauce.

Es ist wichtig, dass man Auberginen kocht, durchbrät oder grillt – rohe Auberginen sind praktisch nicht genießbar.

Gegrillte Auberginenscheiben schmecken wunderbar in einem Salat zusammen mit gegrillten Zucchini, sonnengereiften Tomaten, Mozzarella und dünnen Sardellenstreifen. Mit Salz, frisch gemahlenem Pfeffer und Basilikum abschmecken und zum Schluss großzügig mit gutem Olivenöl beträufeln. Ein frisches Brot und ein Glas Weißwein dazu und das Mittagessen ist gerettet.

Die Auberginenscheiben immer wieder vorsichtig im Öl wenden.

SOMMERLICHE BLÜTENPRACHT

IN SCHWEDEN HABEN WIR ganz besondere Bräuche für die hellste Nacht des Jahres, die Mittsommernacht: Man muss über sieben Weidezäune klettern und auf den Wiesen und Weiden sieben Sorten Blumen pflücken. Dann legt man den Strauß unter sein Kopfkissen, um von seiner oder seinem Liebsten zu träumen. Natürlich hat keiner nur wegen der Blumen unter dem Kissen von den Liebsten geträumt, aber es fällt schwer, diesen alten Brauch zu vergessen, wenn die Sommernacht gerade am allerschönsten ist.

Etwas von diesem romantischen Mittsommergefühl tragen wir alle in uns. Die langen, hellen Abende und der wunderbare Glanz der Natur bereichern die Lebensfreude und selten genießen wir das Leben so ausgiebig wie zu dieser Zeit.

Kein Wunder, dass so viel Schönes passiert, schließlich ist der Sommer die schönste Zeit des Jahres. Nicht eine Minute wollen wir davon verpassen. Selbst wenn uns der Sommer unendlich lang vorkommen kann, wissen wir doch, dass uns diese Erinnerungen den Winter hindurch wärmen werden. Legen Sie sich Ihren Wintervorrat mit schönen Erinnerungen jetzt an, wir können nie genug davon haben.

Die Heuwiesen zählen für mich zu dem Schönsten, was es gibt, aber sie müssen gut bewahrt werden, damit ihre empfindliche Blütenpracht erhalten bleibt. Im Frühling werden Laub und Zweige abgerecht, dann wird Ende Juli das Heu geschnitten. Es darf zunächst zum Trocknen liegen bleiben, sodass die Blumen- und Grassamen dabei zu Boden fallen. Traditionell wird das Heu dann auf sogenannten Heuharfen als Viehfutter getrocknet. Im Laufe der Jahre sind schon viele Heuwiesen verschwunden. Die, die aber noch übrig sind, zählen zu unserem gemeinsamen Kulturschatz.

Die schönen traditionellen Heuwiesen sind das Werk des Bauern.

SOMMERHÄHNCHEN

4–6 PORTIONEN
2–3 Knoblauchzehen
10 Salbeiblätter
1 EL Tomatenmark
Salz und frisch gemahlener schwarzer Pfeffer
etwas Öl
1 großes Hähnchen

BEILAGE
Belugalinsen-Salat (siehe unten)

Es ist überhaupt nicht schwer, ein ganzes Hähnchen zu braten, von dem viele satt werden. Wenn Sie ein Bio-Hähnchen wählen, hat es ein gutes Leben gehabt und schmeckt viel besser als ein gekauftes Hähnchen vom Schnellimbiss.

Den Backofen auf 175 °C vorheizen.

Knoblauch schälen, zusammen mit Salbei in einem Mörser zerreiben, das Tomatenmark dazugeben und verrühren. Salzen und pfeffern, einen Schuss Öl zugießen und das Ganze gut mischen.

Das Hähnchen in eine ofenfeste Form legen und mit der Kräuterpaste bestreichen oder einreiben.

Etwa 75 Minuten im Ofen braten. Wenn Sie unsicher sind, ob das Hähnchen gar ist, können Sie einfach ein dünnes Messer oder ein Stäbchen hineinstecken. Ist die Flüssigkeit klar wie Wasser, dann ist auch das Hähnchen gar. Ein Bio-Hähnchen ist größer und braucht etwas mehr Zeit im Ofen. Servieren Sie es zusammen mit Belugalinsen-Salat.

BELUGALINSEN-SALAT

4 PORTIONEN
400 g Belugalinsen
ca. 3 TL Salz
1 Lorbeerblatt

FÜR DEN SALAT
4 Möhren
4 Pastinaken
2 Zitronen
eine Handvoll Bohnen (Sorte nach Wunsch)
Salz
knackige Salatblätter (Sorte nach Wunsch)
1 rote Zwiebel
½ rote Chilischote
4 Tomaten
Salz und frisch gemahlener schwarzer Pfeffer
ca. 100 ml gutes Olivenöl

Linsen sind ein gutes Sommeressen; man kann sie in Salaten mit dem frischsten Sommergemüse mischen. Perfekt zum Mitnehmen für das Picknick am Strand und auch pikant zu Fisch und Fleisch.

Die Linsen in einem Topf in 1,5 l Wasser mit Salz und Lorbeerblatt etwa 20 Minuten kochen. Linsen sind am besten, wenn sie noch im Kochwasser liegen und abkühlen können.

FÜR DEN SALAT
Sie können die Zutaten mischen und würzen, wie Sie mögen, je nachdem, wozu der Salat serviert werden soll. Diese Mischung schmeckt gut zum Kräuter-Brathähnchen.

Die Möhren längs halbieren und ohne Fett in einer Pfanne grillen. Die Pastinaken in Scheiben schneiden und ebenfalls ohne Fett grillen. Die Zitronen halbieren und ebenfalls grillen, wobei diese ungemein Geschmack entwickeln.

Die Bohnen 4–5 Minuten in Salzwasser kochen. Die abgekühlten Linsen durch ein Sieb abgießen und das Lorbeerblatt entfernen. Zwiebel schälen und in Ringe schneiden, Chili fein hacken und Tomaten in Spalten schneiden. Die Linsen mit allen Zutaten bis auf das Öl mischen, mit Salz und Pfeffer abschmecken.

Das Öl erst direkt vor dem Servieren zugeben. Mit den gegrillten Zitronen garnieren, die dann über dem Linsensalat ausgepresst werden.

MEXIKANISCHE CHICKEN WINGS

Selbstverständlich kann man alle Hähnchenteile (Keule, Brust) nach diesem Rezept zubereiten.

Den Backofen auf 175 °C vorheizen.

Den Knoblauch schälen, fein hacken und mit dem Tomatenmark und den übrigen Zutaten bis auf die Chicken Wings in einer Schüssel verrühren. Gut mischen und die Chicken Wings in der Gewürzmischung wenden. Bei Zimmertemperatur etwa 30 Minuten ziehen lassen.

Dann etwa 40 Minuten im Ofen braten. Zusammen mit einem Salat oder einer herrlich milden Salsa aus Avocado und Tomaten servieren – den Geschmack bringt bereits das Hähnchenfleisch.

TOMATEN-AVOCADO-SALSA

Die Salsa sollte unmittelbar vor dem Servieren zubereitet werden. Alternativ kann man die Tomaten bereits vorher aufschneiden und mit allen anderen Zutaten außer den Avocados mischen, die dann direkt vor dem Servieren dazukommen.

Die Tomaten in Spalten schneiden und in eine Schüssel geben. Die Avocados halbieren und die Kerne mit einem Löffel herauslösen. Das Fruchtfleisch in kleinere Stücke schneiden und mit den Tomaten mischen. Etwas Limettensaft darüberträufeln, salzen und pfeffern.

Koriander oder Petersilie fein hacken und untermischen. Servieren und genießen.

Manchmal mache ich nur die Salsa; sie ist ideal, wenn ich zum Kochen keine Lust habe.

4 PORTIONEN

3 Knoblauchzehen
3 EL Tomatenmark
3 EL Apfelcidre-Essig
1–2 Chipotle-Chili (getrocknete, geräuchterte Chili – kann man auch als Fertigpaste kaufen. Davon dann 2 TL nehmen. Nach Wunsch auch andere Chilis verwenden.)
1 TL gemahlene Gewürznelken
1 TL Kreuzkümmel
1 TL gemahlener Koriander
Salz und frisch gemahlener schwarzer Pfeffer
ca. 100 ml Pflanzenöl
1 kg Chicken Wings

TOMATEN-AVOCADO-SALSA

500 g Kirschtomaten
2 Avocados
Saft von ½ Limette
Salz und frisch gemahlener schwarzer Pfeffer
eine Handvoll frisches Koriandergrün oder Petersilie

Die würzigen Chicken Wings passen zu ziemlich jedem Fest wunderbar.

DER GARTEN – MEIN BESTER FREUND

MEIN GARTEN IST MEIN PARADIES. Hier kann ich träumen und einen Teil meiner Fantasien auch verwirklichen. Ich glaube wirklich, dass ich ohne Garten nicht leben könnte – nicht um der Blumen willen, sondern wegen des Gefühls, dort zu sein, wo alles möglich ist. Für mich verkörpert der Garten eine Atmosphäre, einen Platz, an dem ich tun und lassen kann, was ich will, manchmal auch einfach nur herumlungern und gar nichts Kreatives schaffen.

Früher habe ich Pflanzen von besonderen Orten gesammelt. Ob sie bei mir gedeihen konnten, war eine Frage des Glücks, manchmal waren die vielen Namensschilder schnell wieder überflüssig. Ich liebte alle meine kleinen Raritäten und schaute nach jeder einzelnen. Aber ich machte mir die Gartenarbeit damit nicht leicht, denn viele dieser Pflanzen erforderten eine besondere Behandlung, um nicht einzugehen.

Inzwischen will ich lieber einen einfachen, pflegeleichten Garten, in dem ich sitzen und die ganze Schönheit betrachten kann. Bis auf die notwendigsten Dinge im Frühling und im Herbst und die üblichen Pflegearbeiten habe ich kaum Arbeit damit. Selbstverständlich setzt das einen gepflegten Garten voraus, in dem man von Anfang an den Kampf mit dem Unkraut aufgenommen hat.

Unkräuter wie Giersch, Milchlattich und Quecke müssen mit ihren ganzen Wurzeln ausgegraben werden. Wenn nicht, treten sie ungehindert ihren Siegeszug an und kommen wieder. Graben Sie so tief nach ihnen, wie Sie nur können. Lassen Sie die aufgegrabene Stelle eine Woche ruhen und wenn Sie das Unkraut wieder sprossen sehen, graben Sie nochmals und nochmals danach. Irgendwann haben Sie für kurze Zeit gewonnen, aber es wird immer wiederkommen.

Alle Gärten haben verschiedene Voraussetzungen in puncto Unkraut. Wächst es bei Ihrem Nachbarn, dauert es nicht lange, bis es sich auch bei Ihnen etabliert hat; bekämpfen Sie es aber an den Außenrändern, bleibt es einigermaßen überschaubar. Das Wichtigste ist, dass das Unkraut nicht zu weit in die Beete hineinwächst und Ihre Pflanzen unterwandert.

Für meinen Garten habe ich mir eine Auswahl von leicht zu pflegenden, winterfesten Stauden ausgesucht, die auch weiter im Norden als winterfest gelten. Das ist auch rein ökonomisch sinnvoll und wunderbar, falls es einen bitterkalten Winter gibt.

Ich arbeite am liebsten mit großen Beeten, die es einem ermöglichen, vom zeitigen Frühjahr bis zum Spätherbst mit großen Pinselstrichen zu malen. Mit Pflanzen wie Frauenmantel, Akelei und Storchschnabel habe ich eine schöne Gartenatmosphäre geschaffen, die ganz natürlich wirkt. Die Stauden vermehren sich zwar immer mehr, als ich es will, aber sie lassen sich auch leicht herausreißen, wenn ich sie irgendwo nicht haben möchte. Die Pflanzen, die übrig bleiben, haben sich selbst lustige Ecken ausgesucht, in denen sie zum Blickfang werden, wie ich es mir selbst nie hätte ausdenken können.

Für mich ist ein Garten am schönsten, wenn er einen harmonischen Gesamteindruck ohne allzu große Stilbrüche vermittelt. Er sollte auch zum Haus und der umgebenden Landschaft passen. Vielleicht hört sich das etwas langweilig an, es entspricht aber genau meiner Vorstellung von Gartengestaltung.

Ich höre oft, dass viele von ihrem Garten gestresst sind. Das ist schade, denn dann erfüllt er so gar nicht seinen Zweck. Ich kann verstehen, dass man einen schönen Garten haben will und es schwer sein kann, dies zu erreichen, aber es braucht seine Zeit. So war es auch bei mir und ich habe immer noch hässliche Unkrautecken, die noch nicht bearbeitet sind.

Ein Garten kann wie ein langes, strebsames Menschenleben sein, weich und an den Kanten abgewetzt, aber mit einem liebenswerten Herz. Viel mehr braucht es nicht, um gut Freund mit seinem Garten zu werden.

Nächste Seite: Der Frühling geht gerade zur Neige und die ersten Stauden fangen an zu blühen – bis weit in den Herbst hinein.

FISCH UND MEERESFRÜCHTE

MIESMUSCHELN, KREBSE UND FRISCH GEFANGENE BARSCHE GEHÖREN ZU DEN SOMMERLICHEN DELIKATESSEN IN SCHWEDEN. AUCH WENN ICH NICHT DIREKT AM MEER WOHNE, FINDEN DIE SEEFISCHE DENNOCH DEN WEG HIERHER. WILDLACHS UND ZANDER AUS DEM VÄNERN-SEE, MEINEM „HEIMAT-SEE", SCHMECKEN EINFACH WUNDERBAR. MANCHMAL GIBT ES AUCH FRISCHE KLEINE MARÄNEN, DANN KAUFE ICH MIR SCHNELL EINE GROSSE PORTION AN DER FISCHTHEKE UND RÖSTE SIE ZU HAUSE MIT SALZ IN EINER TROCKENEN PFANNE.

GEGRILLTE KREBSE IN BASILIKUM-PESTO

4 PORTIONEN ALS VORSPEISE
- 12 große Krebse
- 1 Schalotte
- 1 Knoblauchzehe
- ¼ Topf frisches Basilikum oder Petersilie
- 1 EL Tomatenmark
- ½ milde rote Chilischote
- 100 ml Olivenöl
- Salz und frisch gemahlener schwarzer Pfeffer

Mit etwas Glück findet man ungekochte Krebse, aber auch die fertig gekochten schmecken gut. Ein milder Chiligeschmack passt herrlich zu den Krebsen; eine feine milde Geschmacksnuance hat die Chilisorte „Dulcetta".

Die Krebse der Länge nach teilen, dann Darm und Magensack direkt hinter den Augen entfernen. Den Rest behalten. Die Scheren vorsichtig mit einem kräftigen Messer aufknacken und die Krebse in eine ofenfeste Form legen.

Schalotte und Knoblauch schälen und mit Basilikum, Tomatenmark, Chili und Olivenöl im Mixer zu einer glatten grünen Paste pürieren. Mit Salz und Pfeffer abschmecken.

Die Fleischseite der Krebse mit der Paste bestreichen. Wenn genügend Zeit ist, die Krebse eine Weile im Kühlschrank durchziehen lassen.

Dann die Krebse im Ofen oder in einer Grillpfanne kurz grillen. Man kann sie auch gut draußen auf den Grill legen, dann am besten einen Grillkorb verwenden, damit die Krebse nicht in die Glut fallen. Die Krebse sollen nur warm werden und die Schalotte leicht durchgebraten. Zu lange gegrillt, werden sie hoffnungslos zäh.

Manchmal kaufe ich mir ein paar Krebse und bereite sie einfach für mich zu. Es muss nicht immer das Einfachste sein, nur weil man allein ist. Ich scheue mich auch nicht, gleichzeitig eine Handvoll Austern dazu zu genießen.
Vorige Seite: Zu Mittsommer kann man kleine Maränen bekommen, danach werden sie erst wieder im November gefangen.

PASTA VONGOLE MIT MIESMUSCHELN

4 PORTIONEN
1 kg Miesmuscheln
4 Knoblauchzehen
1–2 rote Chilischoten (mit oder ohne Samen)
100 ml Olivenöl
200 ml trockener Weißwein
ca. 400 g Spaghetti
Salz
1 Bund Petersilie

Manchmal sehnt man sich nach einer italienischen Taverne am Hafen eines kleinen Fischerdorfs – eine Flasche Weißwein und Pasta Vongole, bitte! Nun ja, man bekommt nicht immer, was man will; aber Miesmuscheln sind genauso gut, auch wenn ein kleiner Unterschied besteht. Ab und zu gibt es auch bei uns Venusmuscheln (Vongole) an der Fischtheke – schlagen Sie dann zu!

Die Muscheln sorgfältig waschen und diejenigen wegwerfen, die sich nicht mehr schließen, wenn man auf die Schale klopft. Knoblauch schälen und fein hacken, Chili in feine Ringe schneiden. In einer Pfanne das Öl erhitzen und beides zugeben. Leicht dünsten, ohne dass es braun wird, den Wein zugießen und aufkochen. Die Muscheln hineingeben, durchschütteln und 4 Minuten zugedeckt kochen lassen.

Die Spaghetti in Salzwasser bissfest (al dente) kochen, abgießen und die Muschelsauce unter die Nudeln rühren. Gut vermischen, damit die Spaghetti auch das Aroma der Muschelsauce annehmen. Petersilie hacken und darüberstreuen. Ohne Parmesan oder einen anderen Käse servieren, dafür aber unbedingt zusammen mit einem Weißwein.

GEGRILLTE MARÄNE MIT DILLBUTTER

4 PORTIONEN
ca. 30 kleine Maränen oder 8 ganze Heringe
Meersalzflocken

DILLBUTTER
1 kleines Bund Dill
200 g zimmerwarme Butter
Salz und frisch gemahlener schwarzer Pfeffer
ein paar Tropfen frisch gepresster Zitronensaft

Die kleine Maräne ist ein Süßwasserfisch, der fast nur im November wegen seines Rogens gefangen wird. Der Fisch selbst wird meist weggeworfen, was wirklich schade ist für einen so feinen Fisch. Wenn Sie keine Maränen bekommen können, nehmen Sie ganze Heringe. Man kann auch filetierte Heringe nehmen, aber der Geschmack ist nicht derselbe. Wenn die Fische mit der Maschine filetiert werden, verändern sich irgendwie die Fette und dadurch auch der Geschmack. Dafür habe ich zwar keine wissenschaftliche Erklärung, aber es ist einfach so.

Zuerst die Dillbutter zubereiten, siehe unten.

Die Fische putzen, aber Kopf und Gräten nicht entfernen. In Meersalz wenden. Eine gusseiserne Pfanne erhitzen und die Fische auf jeder Seite 2 Minuten ohne Fett rösten. Das kann kräftig rauchen!

Danach sofort mit Dillbutter und Pellkartoffeln servieren.

DILLBUTTER

Dill fein hacken, mit der Butter verrühren, salzen, pfeffern und mit etwas Zitronensaft beträufeln. Abschmecken und zur Seite stellen. Bei Zimmertemperatur servieren.

Siehe Foto auf der nächsten Seite.

Einfach, gut und ein Hauch von Chili. Muscheln mit Spaghetti schmecken so am besten.

IM OFEN GEBACKENER HERING MIT CHILIKRUSTE

4 PORTIONEN
- 50 ml Olivenöl
- 800 g küchenfertige grüne Heringe mit Haut
- 2 Knoblauchzehen
- ca. ½ rote Chilischote
- 1 Bund Petersilie
- 2 Scheiben Brot vom Vortag
- getrockneter Oregano
- Salz und frisch gemahlener schwarzer Pfeffer
- Zitronenspalten

Den Backofen auf 175 °C vorheizen.

Einen Schuss Olivenöl in eine ofenfeste Form gießen, die Heringe im Öl wenden und mit der Hautseite nach unten legen. Knoblauch schälen und fein hacken, Chili und Petersilie ebenfalls fein hacken. Die Brotscheiben zerbröseln und mit Knoblauch, Chili, Petersilie, Oregano, Salz und Pfeffer mischen. Einen Schuss Olivenöl dazugeben und verrühren. Wer es schneller haben möchte, kann die Krustenmischung auch im Mixer pürieren.

Die Panade über die Heringe streuen und die Heringe 15–20 Minuten im Ofen backen. Mit Zitronenspalten und gekühltem Wein servieren.

Siehe Foto auf der vorigen Seite.

MEDITERRANE BARSCHE

4 PORTIONEN
- Olivenöl zum Braten
- 1–2 Knoblauchzehen
- 1 rote Chilischote
- 800 g Doppelfilets vom Barsch (siehe nächste Seite)
- Salz und frisch gemahlener schwarzer Pfeffer
- 1 Bund Petersilie oder Minze

BEILAGE
- Möhrensalat (Schwedische Möhren auf Italienisch, siehe Seite 102)

Barsche haben ein festes Fleisch, das man sowohl gut grillen als auch braten kann. Häufig werden sie in Sahne oder Butter serviert. Aber probieren Sie einmal die gesündere mediterrane Variation aus: in Olivenöl gebraten mit Knoblauch und Chili. Dazu passen Möhrensalat und Weißwein.

Für diejenigen, die ihre Barsche selbst geangelt und sie nicht fertig filetiert gekauft haben, gibt es auf Seite 129 eine nützliche Lektion zum Filetieren.

Das Öl in einer Pfanne erhitzen. Knoblauch schälen und mit der Chili im Öl weich dünsten, ohne dass es braun wird. Knoblauch und Chili aus der Pfanne nehmen und zur Seite legen.

Die Barsche im aromatisierten Öl auf beiden Seiten braten, nach Bedarf etwas mehr Öl zugießen.

Knoblauch und Chili wieder dazugeben, salzen und pfeffern. Petersilie hacken und unterheben.

Auf einem schönen Teller anrichten und mit Möhrensalat und einem kalten Weißwein in der Sonne servieren.

Auch mit Minze statt Petersilie schmeckt diese Fischpfanne gut.

Selbstverständlich habe ich die Barsche unten am Steg selbst geangelt und filetiert! Der große Fischer spinnt Seemannsgarn …
Vorige Seite links: Gegrillte Maräne gibt es nur Ende Juni zur Mittsommerzeit, aber kleine Heringe gibt es das ganze Jahr über.
Vorige Seite rechts: Im Ofen gebackener Hering mit Chilikruste.

BARSCHE FILETIEREN

BARSCHE FILETIEREN

Den Barsch an den Kiemen packen und mit dem Messer in den Bauch oberhalb der roten Flossen einstechen. Zum Schwanz hin aufschneiden.

Einen Schnitt hinter der am Kopf sitzenden Flosse machen und am Nacken entlang bis zum Rückgrat einschneiden. Das Messer anwinkeln und am Rückgrat hinunter bis zum Schwanz schneiden. Genau vor der Schwanzflosse stoppen und die Haut nicht durchschneiden.

Das Filet auslösen und „auf den Rücken" legen; das Messer waagrecht auf den Fisch legen und die Bauchgräten wegschneiden.

Mit einem kräftigen Griff den Schwanz packen und das Filetfleisch von der Haut lösen.

Den Fisch wenden und auf der anderen Seite ebenso verfahren.

DOPPELFILETS SCHNEIDEN

Mit den Fingern die Rückengräte ertasten und mit einem Schnitt freilegen, dann die Rückengräte v-förmig herausschneiden. Mit der zweiten Filetseite ebenso verfahren. So erhält man ein hosenförmiges Doppelfilet.

GEGRILLTER LACHS MIT ZWEIERLEI SOMMERERBSEN

Supergut und schnell zu machen. Ich liebe puren, reinen Geschmack und schöne Kombinationen.

Den Grill anzünden oder eine Pfanne erhitzen, den Lachs mit etwas Öl, Salz und Pfeffer einreiben und von beiden Seiten grillen.

Die grünen Erbsen 2 Minuten in Salzwasser blanchieren, das Wasser abgießen und die Erbsen in einen Mixer geben. Kräuter und etwas Öl zugeben – zu Koriander Sonnenblumenöl, zu Basilikum Olivenöl. Vorsichtig pürieren, falls nötig etwas mehr Öl zugießen, das Erbsenpüree sollte aber nicht zu dünnflüssig sein. Mit Salz und Pfeffer abschmecken.

Die Zuckerschoten kurz in Salzwasser blanchieren, abgießen und etwas ausdampfen lassen.

Alles auf Tellern mit den Erbsensprossen und etwas Zitronensaft anrichten, den Wein öffnen und zu Tisch bitten. Ich serviere dazu nie Kartoffeln, es ist so, wie es ist, perfekt, höchstens etwas mehr Wein dazu.

Mein Sommer: gegrillter Lachs in schöner grüner Gesellschaft.

4 PORTIONEN

ca. 800 g Lachsfilet (Mittelstück)
Sonnenblumenöl
Salz und frisch gemahlener Pfeffer

ca. 250 g grüne TK-Erbsen
1 Bund Koriander oder Basilikum

BEILAGE

eine große Handvoll Zuckerschoten
Salz
ein Sträußchen Erbsensprossen
etwas Zitronensaft

ZANDER MIT BOHNENSAUCE

4 PORTIONEN
Olivenöl zum Braten
200 g Spinat
Salz und frisch gemahlener schwarzer Pfeffer
ca. 800 g Zanderfilet

SAUCE AUS CANNELLINI-BOHNEN
ca. 200 g Cannellini-Bohnen (Dose)
1 Schalotte
1 Knoblauchzehe
etwas frischer Thymian
50 ml Olivenöl
200 ml trockener Weißwein
½ Würfel Gemüsebrühe
Salz und frisch gemahlener schwarzer Pfeffer

Das Öl in einer Pfanne erhitzen und den Spinat kurz anbraten, salzen und pfeffern.

Den Spinat herausnehmen und den Zander braten, dann etwas salzen und pfeffern.

Zander mit Sauce, Spinat und einem Weißwein servieren.

SAUCE AUS CANNELLINI-BOHNEN
Bohnen waschen und abtropfen lassen, Schalotte und Knoblauch schälen und fein hacken. Bohnen, Schalotte, Knoblauch und Thymian im Öl zusammen anbraten, ohne dass sie braun werden. Den Wein zugießen und aufkochen lassen. 100 ml Wasser und Gemüsebrühwürfel zugeben. Etwa 10 Minuten köcheln lassen.

Die Sauce glatt mixen und mit Salz und Pfeffer abschmecken.

Bohnen und Linsen ergeben das ganze Jahr über ein gutes Essen; in den internationalen Feinkostläden findet man viele verschiedene Sorten.

GEBRATENER DORSCH MIT KNOBLAUCHCREME

Dorsch schmeckt am besten, wenn er zuerst in Salzwasser eingelegt wird, siehe unten. Das Fleisch bleibt dadurch frisch und springt schön in Scheiben auf.

Den Backofen auf 175 °C vorheizen.

Die Butter in einem kleinen Topf schmelzen, ohne sie zu bräunen. Den Knoblauch schälen und pürieren. Den Topf von der Platte nehmen und den pürierten Knoblauch zugeben. Etwa 15 Minuten ziehen lassen.

Crème fraîche einrühren und untermischen. Dabei gerinnt sie unvermeidlich, aber sie wird noch unmittelbar vor dem Servieren durchgemixt. Die Petersilie hacken und unterrühren. Die Sauce lauwarm servieren.

Ein Stückchen Butter schmelzen und eine ofenfeste Form damit fetten. Den Dorsch in 4 Stücke schneiden und in die Form legen, auch auf die Oberseiten etwas Butter geben. Salzen und pfeffern. 10–15 Minuten im Ofen braten.

Der Fisch ist fertig, sobald sich leicht Scheiben herauslösen lassen, egal, wie lange er im Ofen war. Am besten nimmt man ihn nach 10 Minuten aus dem Ofen und schaut nach.

Mit Salzkartoffeln und viel gekochtem Gemüse servieren.

Eine andere, mehr restaurantmäßige Methode ist es, den Dorsch im 125 °C warmen Ofen zu braten, bis er eine Kerntemperatur von 52 °C erreicht hat. Dann noch ein paar Minuten ruhen lassen.

4 PORTIONEN
- 200 g Butter und etwas für die Form
- 2 Knoblauchzehen
- ca. 600 g Crème fraîche
- 1 Bund Petersilie
- 800 g eingelegter Dorsch (siehe unten)
- Salz und frisch gemahlener schwarzer Pfeffer

BEILAGEN
- Salzkartoffeln und gekochtes Gemüse (z.B. Spargel, Blumenkohl, Brokkoli)

SCHNELL EINGELEGTER DORSCH

Salz in 1 l Wasser in einer Schüssel verrühren, den Dorsch hineinlegen und 30 Minuten ziehen lassen. Den Fisch herausnehmen und mit Küchenpapier trocken tupfen.

4 PORTIONEN
- 60 g Salz
- 800 g Dorsch (Mittelstück)

GEBRATENE PFIFFERLINGE

Wenn Sie mögen, gibt es auch noch gebratene Pfifferlinge dazu.

Die Pilze falls nötig putzen. Die großen teilen, indem man sie mit den Fingern auseinanderzupft. Sie teilen sich leicht entlang der Fasern. So werden sie am schönsten.

Eine Pfanne erhitzen und die Pilze ohne Fett hineingeben. Die Feuchtigkeit soll dabei ausdampfen.

Butter zugeben, wenn die Pilze getrocknet sind, und braten, bis sie eine schöne Farbe angenommen haben. Salzen und pfeffern, dann die Pfifferlinge über den Dorsch streuen.

ZUTATEN
- 200 g Pfifferlinge oder mehr
- etwas Butter
- Salz und frisch gemahlener schwarzer Pfeffer

EIN TISCH FÜR SOMMERBLUMEN

ICH MAG ES, wenn der Blumentisch vor dem Eingang passend zur Jahreszeit dekoriert ist. Im Advent steht hier dann ein ganzer Wald aus kleinen Weihnachtsbäumchen mit einer Lichterkette. Das Einzige, mit dem ich noch nie zufrieden war, ist der Tisch selbst. Ich suche schon ewig nach einem schönen runden Tisch aus Metall oder Gusseisen, aber entweder waren sie zu klein oder zu verschnörkelt. Nun ja, so muss eben der einfache runde Gartentisch herhalten.

Auf den Tisch habe ich eine große runde Zinkwanne mit Drainagelöchern gestellt, die ich mit der besten Blumenerde fülle, die ich im Handel finde – begnügen Sie sich für Töpfe und Kübel nicht mit billiger Erde! Welche Blumen ich hineinpflanze, hängt etwas davon ab, was gerade zu finden ist. In manchen Jahren nehme ich auch mehrjährige Stauden und pflanze sie danach in den Garten.

Es hört sich vielleicht etwas seltsam an, Stauden nicht gleich dorthin zu pflanzen, wo sie stehen sollten, aber manchmal ist die Versuchung einfach zu groß, sie auch als Willkommensstrauß zu kombinieren.

Eine gelungene Kombination, die den ganzen Sommer über blüht, ergibt weißes Steinkraut zusammen mit kirschroten Lobelien, blauen Fächerblumen und blau- und silbergrau farbigem Ziersalbei. Die Pflanzung hält bis weit in den September hinein, dann passt gefärbtes Herbstlaub oder rosa Knospenheide gut dazu.

Auch wenn es verschiedene Pflanzen sind, sieht es am schönsten aus, wenn man sich an eine Farbskala zwischen den Pflanzen auf dem Tisch und den Kübeln auf der Treppe hält.

Alternativ kann auch eine Kontrastfarbe einen schönen Effekt haben. In einem Jahr habe ich einmal weiße Sonnenhüte und Herbstanemonen auf der Treppe gepflanzt und helllila Witwenblumen zusammen mit Blauraute in die Wanne auf dem Tisch. Das sah auch wunderschön aus.

Zum Winter hin leere ich die Erde aus der Wanne aus, um Frostrisse zu vermeiden; die kleinen Tannen bleiben einfach in den Töpfen, in denen ich sie gekauft habe, vielleicht mit ein paar Steinen oder etwas Kies, damit sie standfester sind.

GREENGATE

SÜSSE DESSERTS

EIGENTLICH WÜRDE ES REICHEN, NUR „ERDBEEREN" ZU SCHREIBEN UND SCHON HÄTTEN WIR ALLE DAS BESTE SOMMERDESSERT VOR AUGEN – ZUSAMMEN MIT EIS UND SAHNE IST ES UNSCHLAGBAR. WENN SIE DIE SAHNE LEICHT MIT ETWAS CRÈME FRAÎCHE ODER MASCARPONE SCHLAGEN, SCHMECKT SIE AM BESTEN, DADURCH ERHÄLT SIE EINE LEICHTE, WOHLSCHMECKENDE SÄURE.

SIE KÖNNEN AUCH BEI EINER MOUSSE AU CHOCOLAT DIE SAHNE DURCH CRÈME FRAÎCHE ERSETZEN. EINFACH LOCKER SCHLAGEN, ETWAS ZUCKER ZUGEBEN UND DANN WIE GEWÖHNLICH MIT EISCHNEE UND GESCHMOLZENER SCHOKOLADE WEITERARBEITEN.

BAISER-SAHNE-TRAUM FÜR ERWACHSENE

Eine herrliche Kombination von warm und kalt mit gerösteten Pfirsichen oder Aprikosen und Orangenaroma. Auch mit Pflaumen und Nektarinen schmeckt es traumhaft. Je nach Saison.

Bei Desserts sollte man nicht knausern; bereiten Sie lieber eine doppelte Portion zu, denn es geht immer weg. Gehen Sie in die beste Konditorei und kaufen Sie dort die Baisers, mit oder ohne Schokolade.

4 PORTIONEN

- 4 Pfirsiche oder entsprechend mehr Aprikosen, denn diese sind viel kleiner
- 3 EL Zucker
- frisch gepresster Saft von 2 Orangen
- 60 g Haselnüsse
- 4 große Schokoladenbaisers
- 200 g Sahne
- (ca. 100 g Crème fraîche oder Mascarpone)
- 500 ml Vanilleeis
- 125 g frische Beeren

Den Backofen auf 200 °C vorheizen.

Die Früchte entsteinen und in Spalten schneiden. In eine ofenfeste Form legen und mit Zucker bestreuen. Etwas Orangensaft darübergeben, die Haselnüsse grob hacken und darüberstreuen. Etwa 15 Minuten im Ofen backen, bis die Früchte gerade anfangen zu kochen.

Die Baisers zerbröseln und die Hälfte auf eine Servierplatte legen. Die Sahne leicht schlagen und eventuell Crème fraîche oder Mascarpone untermischen. Mehrmals aufschlagen, damit sich alles vermischt.

Das Eis in dünne Scheiben schneiden und mit den warmen Früchten und der Sahne abwechselnd auf die Baisers schichten. Die übrigen Baisers als oberste Lage aufschichten und mit Sahne bedecken. Die frischen Beeren darauflegen und möglichst bald servieren.

Von Zeit zu Zeit schlecken wir uns alle die Lippen und werden wieder zu Kindern.

SEMIFREDDO MIT SOMMERLICHEN BEEREN

10 PORTIONEN

500 g Himbeeren (Sie können auch TK-Beeren nehmen)
180 g Puderzucker
Saft und abgeriebene Schale von 1 Bio-Zitrone
6 Eiweiß
800 g Sahne
2 Schokoladenbaisers aus der Konditorei
etwa 500 g frische gemischte Beeren oder mehr zum Garnieren

Das Beste an einem Semifreddo (Italienisch für Halbgefrorenes) ist, dass man gar keine Eismaschine dazu benötigt, es reicht ein Gefrierschrank. Wenn Sie im Ferienhaus nur ein Gefrierfach haben, dann füllen Sie einfach mehrere kleine Formen.

Dies hier ist ein großes Rezept, das für viele Personen oder für mehrere Tage reicht. Man macht allen die größte Freude, wenn man das ganze Semifreddo auf den Tisch stellt und sagt: „Jetzt könnt ihr essen, so viel ihr wollt." Wenn Kinder mit am Tisch sitzen, ist der Jubel groß!

In diesem Freddo sind nur Himbeeren, aber Sie können auch beliebig andere Beeren nehmen. Ich würde nur keine Heidelbeeren aus dem Wald nehmen, weil sie so stark abfärben. Oder man nimmt dann nur Heidelbeeren.

Baisers backe ich selbst oder kaufe sie in einer Konditorei.

Eine rechteckige Kastenform mit mindestens 1,5 l Fassungsvermögen mit Frischhaltefolie auskleiden. Die Folie soll am Rand überhängen, das erleichtert später das Herausnehmen. Sie kann sich etwas verziehen, aber nach einigen Minuten geht es schon, die Sommerwärme hilft dabei mit.

Die Himbeeren in einem kleinen Topf mit 60 g Puderzucker aufkochen, dann den Saft der Zitrone zugeben. 5 Minuten köcheln lassen, zur Seite stellen und abkühlen lassen. Wer mag, kann die Himbeeren durch ein Sieb streichen, um die Kerne zu entfernen.

Eiweiße mit einem Handrührgerät leicht schlagen, den restlichen Puderzucker zugeben und zu festem Schnee weiterschlagen. Wenn Sie die Schüssel umdrehen können, ohne dass der Eischnee herausfällt, ist er fertig.

Die Sahne ziemlich fest schlagen, fester als nur weich, aber weicher als Butter.

Vorsichtig den Eischnee unter die Sahne ziehen und die abgeriebene Zitronenschale untermischen.

Die Baisers mit den Händen zerbröseln und ungefähr ein Drittel davon in die Sahnemasse mischen.

Die gekochten, inzwischen kalten Beeren dazugeben. Nur flüchtig unterrühren, sodass die Beeren sich nur teilweise mit der Sahnemasse mischen. Dadurch ergibt sich ein schöner Marmoreffekt.

Die gesamte Masse in die mit Folie ausgelegte Form geben, abdecken und mindestens 6 Stunden in den Gefrierschrank stellen.

Vor dem Servieren das Freddo mithilfe der Frischhaltefolie aus der Form ziehen. Mit frischen Beeren garnieren und mit den restlichen Baiserbröseln bestreuen. Sofort genießen.

MANDELKUCHEN MIT SOMMERBEEREN UND ZABAIONE

4 PORTIONEN
200 g Mandeln
3 Eier
225 g Zucker

1 kg gemischte Sommerbeeren
Erdbeersauce (siehe unten)
Zabaione (siehe unten)

ERDBEERSAUCE
50 g Erdbeeren (frisch oder TK)
1–2 EL flüssiger Honig
abgeriebene Schale von 1 Bio-Zitrone
etwas frisch gepresster Zitronensaft

ZABAIONE
3 Eigelb
2 EL Roh-Rohrzucker
50 ml Marsala (nach Belieben auch mehr)

Der Kuchen mit den süßen Mandeln und der schönen Garnierung schmeckt köstlich. Wir fangen mit dem Teig an.

Den Backofen auf 200 °C vorheizen. Eine ofenfeste Form, ca. 20 x 30 cm, mit Backpapier auslegen.

Die Mandeln kurz mit kochendem Wasser überbrühen, dann lassen sie sich leicht aus der Schale herausdrücken. Aber das wussten Sie sicher auch schon.

Die geschälten Mandeln fein mahlen. Eier und Zucker schaumig rühren, die gemahlenen Mandeln zugeben und zusammen verrühren.

Den Teig in die Form gießen und auf die unterste Schiene im Backofen stellen.

Die Backtemperatur auf 175 °C reduzieren und den Kuchen etwa 20 Minuten backen.

Den Kuchen abkühlen lassen und in Stücke schneiden. Er kann auch eingefroren und nach Bedarf aufgetaut werden.

Etwas Erdbeersauce darübergeben, mit den gemischten Sommerbeeren garnieren und zusammen mit Zabaione sofort servieren.

ERDBEERSAUCE

Die Erdbeeren pürieren. Dazu können Sie auch problemlos gefrorene Beeren verwenden. Honig und die abgeriebene Schale der Zitrone untermischen. Etwas Zitronensaft dazugeben, aber schmecken Sie ab, damit es nicht zu säuerlich wird.

ZABAIONE

Eigentlich ist es ein eigenständiges Dessert aus Italien, aber auch als Sauce zum Kuchen passt sie gut. Wenn Sie ein Händchen für Soufflés haben, dann ist ein Zitronensoufflé zusammen mit Zabaione ein echter Knaller. Aber ehrlich gesagt: Wer kann heute noch Soufflés?

Wasser in einem Topf erhitzen, der so groß ist, dass eine große, nichtrostende Schüssel darin Platz hat. Achtung! Das Wasser darf nicht kochen, nur sieden.

Die Eigelbe mit dem Zucker über dem Wasserbad ganz schaumig schlagen. Den Marsala nach und nach in kleinen Schlückchen zugießen, bis es eine herrlich schaumige, cremige Sauce ist.

Manchmal nehme ich statt Marsala auch dunklen Rum – köstlich!

SCHNELLES HEIDELBEEREIS

Wer eine Eismaschine besitzt, kann sich glücklich schätzen, aber es geht auch, wenn man ab und zu die Eismasse im Gefrierschrank durchrührt.

4 PORTIONEN
- 250 g Heidelbeeren und einige zum Dekorieren (Sie können auch TK-Beeren nehmen)
- 3 Eier
- 1 TL Vanillezucker
- 5 EL Puderzucker
- 300 g Sahne

Gefrorene Heidelbeeren oder Beeren nach Wahl zuerst auftauen lassen.

Eier mit Vanillezucker und Puderzucker verrühren. Die Heidelbeeren in einer Schüssel etwas pürieren und zu der Eier-Zucker-Mischung geben. Die Sahne schlagen und unter die Heidelbeermasse rühren.

Die Mischung in eine Eismaschine füllen und ungefähr 20 Minuten gefrieren lassen.

Das Eis portionieren und mit frischen Heidelbeeren oder anderen Beeren dekorieren. Sofort servieren.

OHNE EISMASCHINE

Die Masse in eine möglichst runde Plastikdose füllen, um leichter umrühren zu können. Die Dose in den Gefrierschrank stellen und jeweils alle halbe Stunde durchrühren. 2 Stunden oder auch länger gefrieren lassen. 15 Minuten vor dem Servieren herausholen, damit das Eis etwas weicher wird.

Man kann auf viele Arten genießen – Eis und Mußestunden sind nur zwei von vielen.

SCHOKOLADENCREME MIT HIMBEERSAUCE

4 PORTIONEN
Schokoladencreme (siehe unten)
Himbeersauce (siehe unten)
100 g Sommerbeeren
4 Cantuccini

SCHOKOLADENCREME
100 g Zartbitterschokolade (70% Kakaoanteil)
250 g Mascarpone
2 EL Honig
ca. 30 g weiche Butter
1 Eigelb

HIMBEERSAUCE
100 g Himbeeren
ca. 90 g Zucker
½ Vanilleschote oder 1 EL Vanillezucker

Ein köstliches, schnell gemachtes Dessert, das in Förmchen oder kleinen Gläsern serviert wird.

SCHOKOLADENCREME
Schokolade zerkleinern und in einem kleinen Topf im Wasserbad schmelzen. Mascarpone, Honig und Butter zugeben und zum Schluss das Eigelb schlagen und unterrühren. Zu einer glatten Creme verrühren.

Die Creme auf 4 Förmchen verteilen und 1–2 Stunden im Kühlschrank steif werden lassen.

HIMBEERSAUCE
Himbeeren, Zucker und 50–100 ml Wasser zusammen mit dem ausgekratzten Mark der Vanilleschote in einen Topf geben. Unter Rühren aufkochen und zu einer dicklichen Sauce einkochen lassen. Sollte sie zu dick werden, noch etwas Wasser zugießen. Abkühlen lassen.

Die Schokoladencreme-Förmchen 30 Minuten vor dem Servieren aus dem Kühlschrank nehmen, mit etwas Himbeersauce beträufeln und mit Beeren und den grob zerbröselten Cantuccini dekorieren.

Es ist kein Geheimnis, dass Schokolade und Chili sich geschmacklich ergänzen. Manchmal mache ich die Schokoladencreme mit etwa 40 g mildem frischem Chili, den ich mit 2 EL Olivenöl püriere, aber dann lasse ich die Butter weg.

Kinder mögen das jedoch meist nicht so gern. So erging es uns womöglich, als wir klein waren und Zartbitterschokolade bekamen – was waren wir dann enttäuscht!

Mousse, Pudding, Kuchen, Getränke, Pralinen – nur einige Leckereien, die alle aus der edlen Kakaobohne hergestellt werden. Hier machen wir eine Creme davon.

BEEREN-CRUMBLE

STREUSELTEIG FÜR EINE PIE-FORM
150 g Weizenmehl
45 g Zucker
125 g Butter
45 g gehackte Mandeln

FÜLLUNG
Butter zum Einfetten
500 g Beeren (alternativ auch anderes Obst, z.B. Rhabarberstücke)
90 g Zucker (45 g mehr, wenn Rhabarber verwendet wird)
½ EL Kartoffelstärke

ZUM SERVIEREN
Vanillesauce oder Schlagsahne

Ein Crumble mit Beeren, anderen Früchten oder Rhabarber ist ein herrlicher und schnell gemachter Sommerklassiker. Wer mag, backt nur die Streusel und nimmt sie als Topping für das Dessert.

Den Backofen auf 200 °C vorheizen.

Mehl und Zucker für den Streuselteig in einer Schüssel mischen. Die Butter mit den Fingerspitzen unter die Mehlmischung kneten, bis alles krümelig ist. Die Mandeln zugeben.

Eine schöne Portion Crumble mit einem Kaffee auf der Verandatreppe hat durchaus etwas. Ich würde nicht zögern, einfach etwas Marmelade über den Streuselteig zu träufeln und ihn in den Ofen zu stecken. Auch das geht wunderbar, wenn man keine andere Füllung hat oder der Sommertag einen geschafft hat.

FÜLLUNG
Eine Pie-Form mit 24–26 cm Durchmesser einfetten. Die Beeren oder Früchte in der Form verteilen, zuckern und die Kartoffelstärke darüberstreuen.

Dann den Streuselteig über der Füllung verteilen. Etwa 20 Minuten im Ofen backen, bis die Oberfläche goldbraun ist. Manchmal kann es auch etwas länger dauern. Mit Vanillesauce oder Schlagsahne servieren.

VARIANTE MIT PFIRSICHEN

FÜLLUNG
6 Pfirsiche
90 g Zucker
½ EL Kartoffelstärke
Butter zum Einfetten

Streuselteig für eine Pie-Form (siehe oben)

ZUM SERVIEREN
Schlagsahne

Den Backofen auf 200 °C vorheizen.

Die Pfirsiche entsteinen und in dicke Scheiben schneiden. In einen Topf geben, Zucker zugeben und aufkochen lassen, sodass der Zucker schmilzt und ein Teil der Pfirsiche sich im Zucker auflöst. Die Kartoffelstärke einrühren und gut mischen, dann zur Seite stellen.

Eine Pie-Form mit 24–26 cm Durchmesser einfetten. Die Hälfte des Teiges auf dem Boden verteilen, die gekochten Pfirsiche darauf verteilen und dann den restlichen Teig darüberbröseln. Die Füllung muss nicht ganz damit bedeckt sein. Etwa 20 Minuten im Ofen backen, bis die Oberfläche goldbraun ist.

Das Pfirsich-Crumble lauwarm mit leicht geschlagener Sahne servieren.

Die Streusel machen es aus – machen Sie viele Streusel!

BLICKFANG UND GÖTTER IM GARTEN

GANZ HINTEN AN DER HECKE stehen zwei Figuren aus einer belgischen Kathedrale. Zwar habe ich sie im schwedischen Skara gekauft, ohne eine Ahnung zu haben, wie sie dort gelandet sind. Aber in meinem Garten bilden sie einen herrlichen Blickfang. Etwas mystisch und mit Patina angereichert, wecken sie bei vielen Besuchern Bewunderung.

Gibt es richtige und falsche Arten von Gartenkunst? Aber ja, die gibt es! Und jeder hat seine eigene Auffassung davon, was schön ist. Ein Teil verweigert jegliche Art von Gartenkunst und andere wiederum lieben es, ihre Gärten mit allem zu füllen, was ihnen in die Hände fällt.

Ich liebe es, Gärten mit kunterbunten Gartenzwergen und Fliegenpilzen kennenzulernen, auch wenn ich selbst solche Figuren nicht in meinem Garten habe. Ich lächele jedes Mal erfreut, wenn ich sie sehe. Es weckt in mir etwas, was vielleicht aus den Gärten meiner Kindheit stammt oder weil ich das Vermögen dieser Gartenbesitzer bewundere, ihren Geschmack so offen zu zeigen.

Während meines Gärtnerlebens habe ich immer wieder festgestellt, dass Ausdrucksformen oft eine Bedeutung für diejenigen haben, die sie geschaffen haben. Auch wenn viele von uns achtlos daran vorbeifahren oder darüber lachen, liegt oft eine tiefere Bedeutung darin versteckt, von der wir nichts wissen. Ich bin in allen Arten von Gärten gewesen, einfachen und großartigen, und bin dabei auf Pflanzensammler, Maximalisten und Minimalisten gestoßen. Aber die Gärten, die mich wirklich berührt haben, hatten immer etwas Persönliches und waren so angelegt, dass ihr Ausdruck tief mit ihrem Schöpfer oder ihrer Schöpferin verknüpft war.

Dabei spielt es keine Rolle, ob es sich um Fliegenpilze oder antike Büsten aus italienischen Palästen handelt. Das heißt auch nicht, dass ich es schön finde und auch bei mir zu Hause so haben möchte, aber es ist menschlich und das berührt mich. An dieser Stelle sei erwähnt, dass ich auch schon ungerührt durch teuer bezahlte Gärten gegangen bin, die mit antiken Skulpturen und kostbaren Arrangements üppig ausgestattet wurden.

In meinem Garten gibt es Götter, Löwen und Vogeltränken und sogar einige Springbrunnen, aber ohne rauschende Fontänen. Die schönsten Figuren stehen etwas versteckt im Grünen, sodass sie nur zu sehen sind, wenn Besucher sie zufällig entdecken. Schöne Urnen stehen oft ohne Pflanzen, damit sie für sich selbst sprechen.

Ich habe eine Vorliebe für Verfallenes und für vergängliche Orte und Gärten. Vielleicht schaffe ich mir einen vergänglichen Garten oder eher die Stimmung davon. Aber mein Garten ist natürlich keineswegs verfallen. Es sieht nur so aus, wenn die Zeit wieder einmal nicht reichte für das Alltagsleben, das Essen und den Garten.

Mit der Zeit sammeln sich zu viele Sachen in meinem Garten an, oder vielleicht ist es eher so, dass ich allmählich ihrer überdrüssig werde. Dann trage ich sie weg, so weit es geht, und vereine sie mit der Natur, die mein Grundstück umgibt. Rosenbogen, kaputte Terrakottatöpfe und alte Scherben finden zu neuem Leben auf einem Stein und werden zu Portalen vor den Leberblümchenwäldern, die mich umgeben.

REGISTER

IMPRESSUM

Für die deutsche Ausgabe:
Übersetzung: Marie-Luise Schwarz
Satz und Covergestaltung: Arnold & Domnick, Leipzig
Lektorat: Bettina Snowdon
Produktmanagement: Christine Rauch
Printed in China

Die schwedische Originalausgabe erschien 2015 unter dem Titel *Sköna, gröna sommar* bei Norstedts, Stockholm.
Published by agreement with Norstedts Agency.

1. Auflage 2016

ISBN: 978-3-7724-7407-1 • Best.-Nr. 7407